*Capitalismo e escravidão
na sociedade pós-escravista*

FUNDAÇÃO EDITORA DA UNESP

Presidente do Conselho Curador
Mário Sérgio Vasconcelos

Diretor-Presidente / Publisher
Jézio Hernani Bomfim Gutierre

Superintendente Administrativo e Financeiro
William de Souza Agostinho

Conselho Editorial Acadêmico
Divino José da Silva
Luís Antônio Francisco de Souza
Marcelo dos Santos Pereira
Patricia Porchat Pereira da Silva Knudsen
Paulo Celso Moura
Ricardo D'Elia Matheus
Sandra Aparecida Ferreira
Tatiana Noronha de Souza
Trajano Sardenberg
Valéria dos Santos Guimarães

Editores-Adjuntos
Anderson Nobara
Leandro Rodrigues

JOSÉ DE SOUZA MARTINS

Capitalismo e escravidão na sociedade pós-escravista

© 2023 Editora Unesp

Direitos de publicação reservados à:

Fundação Editora da Unesp (FEU)
Praça da Sé, 108
01001-900 – São Paulo – SP
Tel.: (0xx11) 3242-7171
Fax: (0xx11) 3242-7172
www.editoraunesp.com.br
www.livrariaunesp.com.br
atendimento.editora@unesp.br

Dados Internacionais de Catalogação na Publicação (CIP) de acordo com ISBD
Elaborado por Vagner Rodolfo da Silva – CRB-8/9410

M386c

Martins, José de Souza
   Capitalismo e escravidão na sociedade pós-escravista / José de Souza Martins. – São Paulo: Editora Unesp, 2023.

   Inclui bibliografia.
   ISBN: 978-65-5711-201-4

    1. Sociologia do trabalho. 2. Brasil. 3. Escravidão. 4. Capitalismo. 5. Brasil pós-escravista. I. Título.

2023-1413   CDD 306.360981
                                  CDU 316.334.22(81)

Editora afiliada:

Em memória de Dom Pedro Casaldáliga, bispo-prelado de São Félix do Araguaia (MT), que, em sua primeira Carta Pastoral, de 1971, deu à coerção e sujeição dos trabalhadores na abertura de novas fazendas, na expansão da fronteira econômica, na Amazônia, o nome correto do que é o trabalho de quem vive sob a violência da injustiça: escravidão.

Para a Dra. Rachel Cunha e os servidores do Grupo Móvel de Fiscalização que, no Ministério do Trabalho, no governo FHC, a partir de 1995, sob risco de suas próprias vidas, corajosamente asseguraram a eficácia do combate ao trabalho forçado no Brasil.

Para o Professor Fernando Henrique Cardoso que, Presidente, em 1995, criou e apoiou pessoalmente o Gertraf – Grupo Executivo de Repressão ao Trabalho Forçado, das ações de combate à persistente escravidão entre nós, e legou ao governo de Luiz Inácio Lula da Silva, pronto e acabado, o Plano de Erradicação do Trabalho Infantil e Escravo, preparado durante 2002.

Sumário

Introdução: A conquista do Outro . 9

Capítulo I – Por uma teoria da "escravidão contemporânea" . 19

Capítulo II – O sujeito sociológico da escravidão . 85

Capítulo III – Escravidão: um problema de sociologia do conhecimento . 121

Capítulo IV – Desenvolvimento desigual e anomalias do trabalho livre . 161

Capítulo V – Contradições do cativeiro de ontem e de hoje . 189

Capítulo VI – Trabalho cativo no capitalismo em transe . 209

Capítulo VII – A terceira abolição da escravatura . 223

Capítulo VIII – "Escravidão contemporânea": o que sobra e o que falta . 233

Referências bibliográficas . 251

Sobre o autor . 269

Introdução: *A conquista do Outro*

O tema da chamada "escravidão contemporânea", no Brasil, não significa a mesma coisa em diferentes bocas e em diferentes escritos. Nem mesmo significa sempre propriamente escravidão. E nem sempre é apresentado em perspectiva propriamente científica. Mesmo em estudos acadêmicos, são muitas as incertezas conceituais e são frequentes as tentações do mero denuncismo em si, sem penetrar nas causas, fatores, consequências sociais e funções econômicas de sua ocorrência e persistência no capitalismo subdesenvolvido.

Diferentemente do que pode pressupor o senso comum, mesmo de pessoas e instituições empenhadas, por ímpeto de justiça, em combatê-la, a escravidão contemporânea não é expressão casual de uma maldade, de uma esperteza de quem a pratica, de um desconhecimento do que ela propriamente é – um crime.

Apesar de eventuais incertezas e vacilações na sua definição, desde os anos 1970, pelo menos, em diferentes lugares do mundo organizações humanitárias e os Estados têm se empenhado em combater a escravidão e punir sua prática. Também aqui no Brasil. Aqui tem sido forte a tendência com o objetivo de, com justiça, submeter cada vez mais as empresas e os autores do crime de escravização aos rigores da lei.

Isso apesar de termos ainda uma disseminada e indevida certeza de impunidade e de reiterados casos de ações baseadas no equívoco de suporem os autores que a violência privada de jagunços e pistoleiros, recrutados como aparato repressivo na situação de trabalho, vale também na resistência aos agentes da lei. Casos de assassinatos de militantes da causa antiescravista e até mesmo de funcionários das agências oficiais de repressão ao trabalho forçado não têm sido raros. Apesar de o Brasil ser signatário, desde os anos 1920, de convenções internacionais que obrigam os Estados nacionais à proibição da escravidão e a combatê-la, porque se trata de crime, muitos ainda acham que o proprietário de terra pode legitimamente ser, também, proprietário de gente.

Ainda agora, em 2023, dois fazendeiros do sul do Pará foram condenados a cinco anos de prisão pela submissão de 85 trabalhadores a trabalho análogo ao de escravidão. A ocorrência é de 2002, mas o crime de escravização é imprescritível. O processo vinha se arrastando desde que dois menores de idade conseguiram fugir da fazenda em que eram escravizados e denunciaram a irregularidade às autoridades. O processo chegou a desaparecer, mas foi reconstituído. Foi a julgamento agora em consequência de uma sentença de condenação do Estado brasileiro na Corte Interamericana de Direitos Humanos. O juiz federal substituto da Comarca de Redenção, no sul do Pará, sentenciou os fazendeiros no dia 27 de junho de 2023.[1]

---

1 Cf. Justiça Federal da 1ª Região, Pará, *Processo Número* 0000001-41.2020.4.01.3905. Só no primeiro semestre de 2023, de 1º de janei-

Capitalismo e escravidão na sociedade pós-escravista

A importância dessa condenação é enorme. A escravidão praticada no Brasil tem peculiaridades que a diferenciam de outras variantes da escravização de seres humanos na atualidade: a de que ela é, em primeiro lugar, expressão de contradições do subcapitalismo que temos. Ela está praticamente inscrita na estrutura lógica desse capitalismo. O restante é dela decorrente e dela componente, como a maldade necessária à sujeição de um ser humano, como se fosse um animal, indício de atraso social e de falta de identificação de quem dela se vale com a condição humana. Mas sobretudo indício de um complexo de degradações sociais necessárias à naturalização do cativeiro para que ele cumpra a função iníqua que o motiva.

Na trama de suas relações e de suas causas não há propriamente escolha. Os fatores econômicos se comunicam, seus custos e seus ganhos impõem-se à trama inteira. A própria vítima dela participa não por conivência e impotência, mas por estratégia de sobrevivência em nome da sua diferença social, enquanto alternativa social e histórica. Em nome de um possível que da contradição resulta, que tem visibilidade para ela, mas não tem para quem a explora e oprime. E não tem ne-

---

ro a 14 de junho de 2023, o Ministério do Trabalho resgatou 1.443 pessoas em condições análogas à de escravidão. Nadine Nascimento e Pedro Nascimento, 135 anos após a Lei Áurea, trabalho análogo à escravidão tem ápice em 12 anos, in: *Novoemfolha*, caderno especial da *Folha de S.Paulo*, ano 103, n.34.424, São Paulo, 3 jul. 2023, p.1. Sobre a persistência oscilatória do trabalho escravo no Brasil, cf. Carolina Motoki, Brígida Rocha dos Santos, Waldeci Campos de Souza, De 1995 a 2022: o trabalho escravo contemporâneo a partir dos dados sistematizados pela Comissão Pastoral da Terra, in: Comissão Pastoral da Terra, *Conflitos no Campo Brasil 2022*, p.151-60.

cessariamente para quem presume defendê-la e em seu nome reivindicar justiça e direitos.

Nesse sentido, este livro não é apenas nem principalmente um livro sobre a atualidade da escravidão. Trata-se de um estudo sobre o modo como o capital organiza empreendimentos econômicos em áreas de condições sociais, econômicas e ambientais de quase ausência do Estado, em face das quais não tem sido incomum o recrutamento de trabalhadores, já de antemão previsto, mas não revelado, que trabalharão como escravos.

Na verdade, essa escravidão é opção inevitável da vítima pela alternativa degradante e não capitalista de trabalho. É para resistir à ameaça e aos efeitos socialmente corrosivos da expansão do capitalismo sobre territórios e comunidades camponesas, de populações originárias, indígenas, caipiras e sertanejas.

Trabalho que, mesmo quando não acarreta ganho, no endividamento do trabalhador, que acaba trabalhando de graça, diminui na família, na entressafra, o número de bocas para a comida insuficiente.[2] E, se houver algum ganho, mesmo aquém do valor criado pelo trabalho cativo em relação ao saldo recebido, será um benefício com base na ideologia camponesa do trabalho de sobrevivência contra a ideologia capitalista do trabalho lucrativo. Essa é a contradição cuja causa a sociologia pode decifrar.

O trabalho escravo é a dolorosa expressão do verdadeiro conflito histórico entre os desvalidos e o capital, um dos con-

---

2 A sociabilidade dessa situação social, histórica e sociologicamente, peculiar e diversa é definida por Antonio Candido na conexão entre economia dos mínimos vitais e comunidade dos mínimos sociais do mundo caipira. Cf. Antonio Candido, *Os parceiros do Rio Bonito*.

Capitalismo e escravidão na sociedade pós-escravista

flitos estruturais do capitalismo brasileiro na disputa da terra de trabalho, a terra de sobrevivência, contra a terra de negócio e rentismo, de usurpação, a de um capitalismo subdesenvolvido. É a questão agrária como questão do trabalho que dá sentido a esse conflito e a esse drama. Os autores de digressões sobre a "escravidão contemporânea" omitem-se em relação a essa contradição, sociologicamente explicativa. A do assalto indireto do capital ao mundo camponês, assalto através das mediações de ocultamentos sociais para viabilizar os resultados econômicos de sua reprodução ampliada.

As regiões e as comunidades dessas populações têm sido com frequência os lugares de aliciamento de camponeses para o trabalho sob escravidão por dívida. Não se trata, pois, de uma referência geográfica, mas de uma mediação social datada, pré-capitalista, cujo atraso histórico interessa ao capital, mas cuja resistência e sobrevivência interessa sobretudo à vítima – o camponês e as populações originárias. Esse atraso lhes é, na verdade, um capital cultural e político, que só se desperdiça porque lhe faltam as mediações políticas e partidárias. O atraso, na verdade, é dos partidos na falta de reconhecimento e compreensão do significado e da função política dos grupos humanos deixados à margem da história por uma opção equivocada em favor de uma concepção de progresso socialmente excludente.

Variam as motivações, muitas vezes extracientíficas, dos estudiosos, que, ao revelar e denunciar ocorrências, desprezam, porque as desconhecem ou minimizam, as contradições explicativas e reveladoras da realidade social problemática. As que sociologicamente compreendem o visível e o não visível, o falso e o verdadeiro. Os fatores revelados e os fatores ocultos do processo histórico. Os fatores de reiteração e os de transformação da realidade, os que criam socialmente o novo e, ao mesmo tempo, recriam o que parece ser o já existente, como interpreta e explica Henri Lefebvre.[3] Os que estão presentes na estruturação das condições sociais do cativeiro, isto é, na disputa e dominação do capital pelos lugares e situações comunitários e tradicionais da sociabilidade e da autonomia camponesas e da economia da produção direta de meios de vida, paralelamente à de excedentes comercializáveis. Os das populações excluídas e originárias.

Ou, então, os que desvendam e expõem as invisibilidades próprias do capitalismo num país subdesenvolvido, como o nosso, e expõem as vulnerabilidades do voluntarismo dos que se dedicam a questioná-lo e a combatê-lo, prisioneiros do superficial e aparente. O que é tão característico da moda política de hoje, mas divorciado das revelações da ciência e das duras verdades e incertezas das contradições sociais. A incômoda constatação científica de Marx, de que "os homens fazem sua própria história, mas não a fazem como querem...".[4] E menos ainda como os outros querem fazê-la em nome de todos sem legitimamente representá-los.

Esse desencontro é o cerne explicativo de toda a sociologia marxiana. É um questionamento que define o perfil deste livro na linha da tradição do pensamento sociológico crítico, ou seja, dialético, o de ampliação e aprofundamento do conhecimento

---

3 Cf. Lefebvre, *Sociologia de Marx*, p.17-41; Martins, *A sociologia como aventura*.

4 Cf. Marx, *O 18 brumário de Luís Bonaparte*, in: Marx; Engels, *Obras escolhidas*, v.I, p.203.

Capitalismo e escravidão na sociedade pós-escravista

sobre a realidade social além do mero agora. O desvendamento e o questionamento da alienação social, que acoberta a realidade, enquanto falsa premissa de ciência que há na militância desinformada e superficial.

A questão da "escravidão contemporânea" é, na sociologia, questão de urgência e é também questão de enfrentamento do poder de minimização dos problemas sociais, cada vez mais intenso da pós-modernidade. Esta é a sociedade da ocultação das verdades profundas e causais da história e da sua própria historicidade.

Muitos querem, altruisticamente, combater a iniquidade de relações de trabalho antissociais e anti-humanas. Outros querem, de modo não tão altruístico, combater as interpretações que podem estar em desacordo com suas opiniões de senso comum, seus interesses e conveniências partidários e ideológicos, seu exibicionismo político.

Um livro como este é uma proposta de desembaralhar, na perspectiva da ciência, essa diversidade opinativa, e desse modo criar as condições para uma interpretação objetiva e crítica da grave questão, no sentido marxiano de *conhecimento explicativo*, sociológico, de diferentes modalidades de conhecimento: "das representações, das ilusões de classe, dos instrumentos ideológicos".[5] Único modo de situá-la no marco da possibilidade de sua superação, e iluminar o caminho desse ser solitário,

---

5 Cf. Lefebvre, *La violencia y el fin de la historia*, p.87. Perspectiva que se enriquece, de modo mais abrangente, com a sociologia do conhecimento de Karl Mannheim (*Ideología y Utopía: introducción a la sociología del conocimiento*) e da sociologia do conhecimento de senso comum de Peter Berger e Thomas Luckmann (*The Social Construction of Reality: A Treatise in the Sociology of Knowledge*).

invisível e difuso que intui no dramático da vida o desafio da transformação social libertadora como obra de correção e de superação das injustiças que negam a todos o direito à sua humanização. Se há um único escravo numa sociedade como esta, todos nós estamos atados à sua situação, porque a sociedade é relacional. Somos sujeitos do mesmo sistema de relacionamentos e de minimização da condição humana.

Ao se falar em escravidão atual está se falando, necessariamente, numa anomalia resultante das contradições sociais de um modelo de sociedade que tem nome: a sociedade capitalista mutilada e insuficientemente realizada, como a brasileira, atravessada pelo primado de interesses econômicos e consequentes irracionalidades que negam o capitalismo e crucificam a sociedade.

De uma análise assim, não resulta receita legítima de militância e ativismo indeterminados e desconectados da estrutura social profunda que dá sentido aos movimentos sociais. Resulta a referência para o que Hans Freyer definiu e Florestan Fernandes explicou: a sociologia como consciência científica da realidade social,[6] caso em que o ativismo não é nem pode ser teatro, para que possa ser práxis socialmente transformadora.

***

Os capítulos deste livro foram escritos com independência uns dos outros, por motivações tópicas, em épocas diferentes, a partir de uma mesma e demorada observação sociológica.

---

6 Cf. Freyer, *La sociología ciencia de la realidad*, p.110 e 342; Florestan Fernandes, *A sociologia numa era de revolução social*, p.95 e 309.

Capitalismo e escravidão na sociedade pós-escravista

O volume tem, porém, uma unidade interpretativa e de revisão crítica de análises que dela carecem porque, no meu modo de ver, estão distantes de uma problematização científica de investigação do grave problema social do trabalho escravo, apesar dos esforços já feitos por vários pesquisadores, devidamente citados nos lugares adequados.

A unidade do livro está exposta no Capítulo I, e é a da opção por um método de explicação que corresponda à natureza social do problema de investigação. Que é a de uma realidade que por ser social é cambiante, que se transforma mais depressa do que a competência do senso comum para compreendê-la.

Em relação ao método e ao conjunto do texto, há compreensivelmente alguma reiteração de referências a esse núcleo explicativo do livro, nos diferentes capítulos. O que se deve ao requisito de clareza do próprio fluxo expositivo do texto, mas sobretudo à necessidade de explorar os detalhes da interpretação correspondente ao respectivo tópico e suas conexões com a linha teórica da obra.

Capítulo I
Por uma teoria da "escravidão contemporânea"

O drama e o método

Nesta proposta de compreensão e explicação sociológicas da ocorrência da chamada "escravidão contemporânea" no Brasil, retorno a constatações teóricas que fiz a partir de um seminário de estudo, que organizei e coordenei na Universidade de São Paulo, de 1975 a 1993, sucessivamente, sobre o método dialético na obra de Karl Marx e na obra de Henri Lefebvre.[1]

Isso porque um tema como o da "escravidão contemporânea" não é qualquer tema, que possa ser abordado a partir de qualquer premissa por meio de qualquer método. Escravidão é tema referido a um momento do processo histórico, da historicidade da sociedade, como ela se recria sob as tensões da transformação social e ao mesmo tempo não se recria apenas. O método é o método dialético. Não é o método de Althusser

---

1 Textos de participantes desse seminário foram apresentados num simpósio sobre a questão do método dialético, na USP, e reunidos numa antologia. Cf. Martins (org.), *Henri Lefebvre e o retorno à dialética*.

nem o de Jacob Gorender – estruturalista, um, e conceitualista e classificatório, o outro, cada qual a seu modo.[2] Métodos de enquadramento interpretativo mais do que de explicação.

A questão de pesquisa e interpretação em Marx e em Lefebvre contém a premissa fundamental da distinção entre *método de investigação* e *método de explicação*.[3] A pesquisa, também na perspectiva dialética marxiana, não se confunde com "catação de dados" e seu revestimento por conceitos da investigação divorciados entre si e mais divorciados ainda da explicação científica. Nem dispensa a pesquisa sociológica e sua interpretação a mediação da sociologia do conhecimento, em que as ideias são situadas, em vez de saírem do mero senso comum do pesquisador, conforme ensina a sociologia de Fernando Henrique Cardoso.[4]

---

2 Na intenção de se diferençar dos estruturalistas e dos positivistas, Gorender acaba orientando sua análise pela reificação de categorias marxistas, como a de modo de produção. Cf. Gorender, *A escravidão reabilitada*, esp. p.229-82; e Gorender, *O escravismo colonial*, p.1-45. Modo de produção, nos estudos de Marx, tem diferentes significações, como a de processo de trabalho e processo de valorização do capital, embora em outros momentos de sua obra a diferenciação tenha um sentido claro. Para ele, o modo de produção se define por seu resultado, que, mesmo na escravidão, é a mais-valia e não a coisa produzida nem a identidade e o tempo histórico de quem a produz. Para Gorender, de quem discordo quanto a isso, "a desobstrução metodológica impõe a inversão radical do enfoque: as relações de produção da economia colonial precisam ser estudadas de dentro para fora, ao contrário do que tem sido feito, isto é, de fora para dentro...". Cf. Gorender, *O escravismo colonial*, op. cit., p.7.

3 Cf. Marx, *El capital: crítica de la economía política*, t.I, p.XXIII, e *Texts on Method*, p.4 e ss.; Lefebvre, *Problèmes Actuels du Marxisme*, p.46-7.

4 Cf. Martins, Fernando Henrique Cardoso e o lugar das ideias. In: Helavel, Belinelli e Lima (orgs.), *Fernando Henrique Cardoso, cientista social, modos de ler* (no prelo).

Capitalismo e escravidão na sociedade pós-escravista

Na verdadeira dialética o método ressalta o processo social, o que é ele no marco do vir a ser. O trânsito e a transição. Isso só é possível através da datação das evidências da realidade e da busca das conexões que têm sentido na totalidade subjacente e historicamente significativa. A datação, isto é, as condições e fatores emergentes da gênese de uma nova realidade historicamente determinada. E até mesmo a gênese peculiar de cada desencontrado momento do todo. A questão da escravidão se situa nesses pressupostos.

Trabalhei numa fábrica, na adolescência, em que, desde a preparação da matéria-prima até o encaixotamento do produto e sua distribuição ao mercado, havia cinco momentos e cinco datações, isto é, níveis diferenciais de desenvolvimento tecnológico e das forças produtivas, cinco diferentes composições orgânicas do capital. Nos cinco anos em que trabalhei nessa fábrica, testemunhei diretamente uma verdadeira revolução tecnológica em dois desses momentos, enquanto os outros três permaneceram no mesmo nível de complexidade anterior. O desencontro que se estabeleceu no interior do processo de trabalho desencadeou tensões sociais e desidentificação de classe social entre os setores.[5]

É significativo que um aspecto essencial do método marxiano tenha sido ignorado pelos autores marxistas latino-americanos, especialmente pelos brasileiros: a explicação científica da realidade social, isto é, do processo social, não se propõe ao pesquisador quando seu momento crítico ainda não se defi-

---

5 Cf. idem, *A aparição do demônio na fábrica: origens sociais do Eu dividido no subúrbio operário.*

niu, quando a totalidade dialética, no essencial, ainda está em processo de totalização.

Foi assim que Marx justificou a não publicação do tomo II de *O capital*, provisoriamente concluído, cujo formato final, porém, estava na dependência do desfecho da crise industrial inglesa, que repercutia nos Estados Unidos, na América do Sul, na Áustria, na Alemanha.[6]

Ao retornar ao problema da função da crise na definição de uma totalidade de referência na pesquisa sociológica, um século depois de *O capital*, quando o mundo capitalista já era outro, Lefebvre conclui que, em Marx, crise "significa o fim de uma sociedade, o começo de uma outra sociedade; e o momento crítico, aquele da ação, aquele de transição".[7] E acrescenta: "A palavra 'crise' deixou de designar o momento em que não podem mais se re-produzir as relações capitalistas de produção, onde definha não a produção de coisas, mas a re-produção das relações constitutivas da sociedade existente".[8] A realidade do momento de crise como momento de função metodológica reveladora de perecimento social e nele e com ele de nascimento de uma nova realidade social.

A situação social que nasce tem, no que perece, e em sua função de referência na resistência dos desvalidos, sua dimensão renovadora de utopia, na metamorfose que inverte o

---

6 Cf. "Carta de Marx a Danielson, Londres, 10 de abril de 1879", in: Marx; Danielson; Engels, *Correspondencia, 1868-1895*, p.123-4.

7 Em mais de uma ocasião, Lefebvre adota em sua obra essa perspectiva como referência documental e metodológica sobre a historicidade realizada do processo do capital. Cf. Lefebvre, *La violência y el fin de la história*, p.56 e 67.

8 Cf. Lefebvre, *Le Manifeste différentialiste*, p.16.

Capitalismo e escravidão na sociedade pós-escravista

lugar das realidades no processo histórico. O que não tinha sentido é que o tem.[9] Essa referência metodológica essencial exige que a pesquisa e estudo de temas como o da "escravidão contemporânea" leve em conta o grupo de referência dos que padecem a adversidade desumanizante do cativeiro pela ação socialmente corrosiva de uma variação subdesenvolvida e anômala do capitalismo.[10]

Mas o grupo de referência do trabalhador subjugado é um grupo residual de resistência às transformações destrutivas de seu modo de vida, dotado de sua própria crise. A de sua falta de centralidade no processo histórico, mas mediações não capitalistas que se determinam pelo modo capitalista de reprodução do capital.

---

9 Em seu último trabalho, uma entrevista de 1991, Henri Lefebvre retorna ao tema da utopia: "Pensar a transformação hoje obriga a pensar utopicamente, isto é, prever diversos tipos de futuro possíveis e a escolher entre eles. Desacreditamos a utopia, é preciso reabilitá-la". E em perspectiva esclarecedora de outros momentos de sua obra: "A sociedade moderna se mundializa, ela se unifica e ao mesmo tempo se diferencia. É o fim de uma certa história e o começo de uma historicidade consciente, dirigida...". Cf. Latour; Combes, *Conversation avec Henri Lefebvre*, p.18-9. Ou seja, Lefebvre propõe o tema da utopia na perspectiva da questão da práxis. Como é próprio de seu método regressivo-progressivo, a utopia também é datada, definidora do possível, como no caso da utopia joaquimita, do pensamento de Gioacchino Da Fiore, a da Terceira Era, a do Espírito Santo. Cf. Rémi Hess e Charlotte Hess, Présentation, in: Lefebvre, *Vers un Romantisme Révolutionnaire*, p.18-21.

10 Uso a concepção sociológica de grupo de referência, adaptando-a, num sentido mais amplo, histórico e antropológico, diferente da de Merton. Cf. Merton, Aportaciones a la teoría de la conducta del grupo de referência, *Teoría y estructura sociales*, p.230-83.

A questão agrária, o grande tema do tomo III de *O capital*, em muito dependia do andamento da questão agrária na Rússia e seus desdobramentos nas relações de trabalho, e em outros países, como a Irlanda. Ela se definia por mediações de outras situações e realidades sociais.[11] É o que expressam as extensas dúvidas que teve Marx quanto a um questionamento de Vera Zasúlich, ativista populista russa (narodnik), em relação ao futuro da comuna russa e à possibilidade de uma transição para o socialismo sem o capitalismo industrial para ser superado.[12] Em suma, dependia das outras superações de contradições e das configurações tendenciais do processo histórico.

Nessa perspectiva, nem todos os momentos do processo são momentos que possam ser analisados e interpretados como se fossem estruturas e não movimento, transição, descontinuidade, crise. Quando muito, só idealmente, como hipotético recurso analítico. Portanto, a referência deve ser a dos momentos sociologicamente reveladores ou o que Hobsbawm define como "desenvolvimento definitivo do capitalismo", que pressupõe "o desenvolvimento do mercado mundial".[13] O desenvolvimento espacialmente desigual e, consequentemente, o desafio de uma compreensão do capitalismo da margem, o brasileiro, que não é cópia do capitalismo de centro. Um capitalismo que não é ele mesmo, porque é mero vir a ser que não será, necessariamente. O desafio interpretativo é o de desvendar o seu lugar nos processos e determinações da totalidade.

---

11 Cf. Marx a Sigfrid Meyere August Vogt, in: Marx; Engels, *L'Irlanda e la Questione Irlandese*, p.277-9.

12 Cf. Marx; Engels, *Selected Correspondence*, p.339-40.

13 Cf. Hobsbawm, Introducción, in: Carlos Marx, *Formaciones económicas precapitalistas*, p.57.

Capitalismo e escravidão na sociedade pós-escravista

Marx se defrontou com a mesma incerteza no trato da questão da renda da terra e sua importância no desenvolvimento do capitalismo na Rússia e que desfecho teria para configurar um possível histórico de tipo socialista. Mas essa não era a dúvida de Marx. Era a dúvida dos que militavam em favor do que era para eles uma duvidosa possibilidade.

No Brasil, também temos um longo período de incertezas quanto ao tipo de capitalismo que aqui se desenvolveria a partir da crise da escravidão no século XIX. Boa parte dela na mesma época dessas análises de Marx. O tema da escravidão contemporânea se situa nesse marco de incertezas, quando a escravidão colonial e direta se metamorfoseia em diferentes formas de escravidão indireta, as que vêm sendo chamadas de "escravidão contemporânea". A subestimação da questão do método de explicação fez com que, até aqui, tenha sido tema de muita fala e pouco conteúdo porque se lhe ignora ou menospreza a singularidade histórica e as condições e limites de sua historicidade.

O capitalismo começou a se definir aqui, com alguma autonomia, no começo do século XIX, quando ficaram claros os marcos do futuro fim da escravidão, seus motivos e seus fatores. Ganharam perfil com a Lei de Terras de setembro de 1850, associada com o fim do tráfico negreiro, no mesmo mês, e, portanto, com o que representava a crise da escravidão num marco de incertezas do insuficiente e ainda indefinido capitalismo no Brasil. Entre 1850 e 1888, tivemos um período de embates e vacilações que provocaram aqui o prolongamento da escravidão e a confirmação das bases anticapitalistas do capitalismo brasileiro. Um modelo de capitalismo gerado na circunstância da força política do atraso social e econômico.

Não o capitalismo de uma revolução burguesa, mas o de uma reação antagônica ao que era próprio do processo e da racionalidade do capital. Não foi casual que o país tenha sido um dos últimos a abolir o cativeiro.

Isso se confirmaria na peculiar aliança entre capital e propriedade da terra durante o regime militar. A questão agrária aqui não é apenas, propriamente, a questão social da pobreza que no campo resulta da injustiça fundiária. Ela é aqui a questão do modo anômalo como se deu o pacto do capital com a propriedade da terra, o capital tornando-se proprietário de terra e mutilando-se como modo capitalista de produção. Mas a terra como parasita do capital, o capitalista como rentista, a racionalidade da reprodução do capital subjugada pela premissa anticapitalista do tributo representado pela renda da terra, uma redução na rentabilidade do capital. O capitalista como dupla e contraditória personificação, a do capital e a da renda da terra. Nesse sentido, dupla consciência, a do possível próprio das contradições da reprodução ampliada do capital, a do progresso; e a do rentismo imobilista, a do lucrar sem produzir, sem transformar, sem progredir. Impasses da dupla mentalidade, da incerteza e da incapacidade para ousar.

Só no regime militar e em decorrência do golpe de Estado de 1964 a questão agrária brasileira ficará definida com a reforma constitucional que deu viabilidade legal à função social da propriedade prevista na Constituição de 1946, com o Estatuto da Terra e com a política de incentivos fiscais à ocupação econômica de um território de cerca de mais da metade do país que foi definido como Amazônia Legal. Essa política assegurou o consórcio entre capital e propriedade da terra, em que o Estado abriu mão do seu domínio eminente sobre as terras privadas, confirmando-as como de propriedade privada absoluta, sem sujeição a regras sociais nem mesmo à racionalidade própria da reprodução capitalista do capital, a reprodução ampliada.

Origens capitalistas da escravidão atual

O capitalismo brasileiro levou mais de um século para se tornar um capitalismo de capital subsumido pela renda fundiária e subsidiado pelo Estado. E constitutivamente subsidiado por formas não capitalistas de relações de trabalho, como a da "escravidão contemporânea". No momento histórico de referência deste livro, que começa um novo tempo com a expansão territorial do capitalismo na chamada Amazônia Legal, mais da metade do território brasileiro, o trabalho escravo tem cumprido duas funções na reprodução ampliada do capital.

Na organização econômica, enquanto falso equivalente do trabalho propriamente assalariado, durante o período de sua empreitada, na função de capital variável. Isto é, de trabalho pago por menos do que vale, barateamento do trabalho assalariado muito aquém do processo de reprodução da força de trabalho para o capital, do valor da sobrevivência de quem para ele trabalha.

De outro lado, na função de criador de capital constante, a força de trabalho empregada na criação de meio de produção, na imobilização do valor criado pelo trabalho no desbravamento da terra, na agregação à própria terra do que é capital nela investido. Trabalho não pago da exploração escravista do trabalhador, amansando a terra para a agricultura ou a pecuária, transformando-a em terra produtiva, isto é, produtiva de capital, cujos produtos serão também produtos do trabalho, pela escravidão, não pago. Trabalho de dupla função.

Portanto, muito tempo depois de cessada a escravidão temporária do desmatamento, da derrubada da mata, os donos das terras por ela beneficiadas exportarão como trabalho vivo, embutido nas mercadorias que produzem e vendem, como se fosse trabalho morto, como meio de produção, o trabalho escravo que não foi pago, do cativo que trabalhou para se escravizar, como significativamente disse Euclides da Cunha.

Decorrência de um capitalismo de insuficiências, que depende de artifícios não capitalistas para lucrar e crescer, brutalizado pela conversão do trabalhador em matéria-prima da reprodução ampliada do capital. O trabalhador escravizado da peonagem e o trabalhador sobrexplorado que dela se avizinha, pelas insuficiências de sua condição de sobrevivência, desse modo entra como matéria-prima viva disfarçada de trabalhador no processo de reprodução ampliada do capital. Além de seu trabalho nela entrar na função de capital variável.

Na pobreza e insuficiência da reprodução física do trabalhador na situação de trabalho escravo, perde ele parte de sua pessoa e de sua própria materialidade, no decorrente encurtamento de sua vida, e de seus dependentes, que se incorporarão à terra amansada — como ele próprio diz, e reconhece, com o seu trabalho. Isto é, na conversão da parte perdida de seu corpo e de sua vida em capital na forma de fazenda, da natureza convertida em meio de produção.

Há uma dimensão genocida na escravidão contemporânea e na sobre-exploração do trabalho como recursos de obtenção de um lucro extraordinário para o capital. São elas um verdadeiro

Capitalismo e escravidão na sociedade pós-escravista

subsídio dos pobres à constituição da riqueza dos que acumulam como seu o que é alheio, porque não pago.

Mesmo sob a organização aparente de empresas modernas, próprias do capitalismo, o trabalho escravo aparentemente já desaparecido, a Amazônia, e não só ela, é e continuará sendo produtora e exportadora de produtos de escravidão. No silêncio cúmplice do rótulo de mercadoria e de equivalente geral, que é o dinheiro, o clamor e os gemidos da injustiça, da miséria, das dívidas da sujeição, dos castigos da coerção, do sangue derramado, das vidas sepultadas, se tornarão as empresas formalmente justas, metamorfoseadas pelas mediações que realizam o valor nelas contido. O mundo de um capitalismo inacabado e inacabável se realizará como seu contrário, como se fosse capitalismo de verdade. Só restarão o esquecimento, o silêncio e o lucro.

Quando se trata das tensões nas relações de trabalho e suas expressões no correr da história, essa orientação metodológica que aqui adoto, a que toma como referência a totalidade histórica em processo e não a trata como um modelo meramente conceitual, é reveladora e explicativa.[14] Permite superar os enganos do aparente e as limitações superficiais que decorrem de não observar nem analisar o pesquisador as mediações da realidade social. Ela expõe as contradições que movem o processo histórico e ao mesmo tempo a diversidade dos protagonismos possíveis, a fragilidade de uns e o maior alcance e profundidade de outros.

---

14 "Não se pode obter um conhecimento real dos fatos humanos reunindo os resultados parciais e deformantes de sociologia coisista ou psicologista com os de uma história política ou simplesmente positivista." Cf. Goldmann, *Las ciencias humanas y la filosofía*, p.9.

Meu primeiro trabalho decorrente dessa proposta teórica, que neste livro se completa, foi apresentado num seminário da Universidade Nacional Autônoma do México, em Cuernavaca, em 1978, a que estiveram presentes o historiador Pierre Vilar e o sociólogo Fernando Henrique Cardoso.[15] Este foi o

---

15 Em 1967 e 1968, comecei a montar meu esquema interpretativo da realidade brasileira, na mediação que lhe dá sentido, a da questão agrária e das tensões dela decorrentes. Fiz pesquisa comparativa de campo em diferentes lugares do estado de São Paulo, desde os de agricultura mais tradicional aos de agricultura mais moderna, com base nos pressupostos teóricos dos trabalhos dos docentes e pesquisadores da antiga Cadeira de Sociologia I, da Faculdade de Filosofia, Ciências e Letras da USP. A pesquisa não confirmou que a agricultura tradicional bloqueasse a modernização no campo nem representasse um indício de resistência à mudança social. A economia familiar era e é componente fundante de um modo de vida. De uma dualidade econômica sustentada pelo que chamei de "economia do excedente", a produção economicamente racional destinada ao mercado, sustentada pela produção direta dos meios de vida, os da economia não capitalista de subsistência. Essa economia dual, desde o fim da escravidão, subsidiou o desenvolvimento industrial brasileiro ao assegurar baixos preços, não capitalistas, para os produtos da dieta operária. Ressaltei minha constatação de que a agricultura tradicional, indevidamente definida como atrasada, é funcional na agricultura brasileira, em vez de tolher-lhe a modernização e o desenvolvimento, em dois estudos, baseados nesse trabalho de campo, publicados em 1969, por iniciativa do Professor Florestan Fernandes, em duas revistas de circulação nacional. Cf. Martins, Modernização agrária e industrialização no Brasil, *América Latina*, ano 12, n.2, Centro Latino-Americano de Pesquisas em Ciências Sociais, Rio de Janeiro, abril-junho de 1969, p.3-16; Martins, Modernização e problema agrário no estado de São Paulo, *Revista do Instituto de Estudos Brasileiros*, n.6, Universidade de São Paulo, 1969, p.121-45. Esses trabalhos foram reeditados em Martins, *Capitalismo e tradicionalismo*, p.1-42. Essa constatação

Capitalismo e escravidão na sociedade pós-escravista

primeiro a rever o tema da escravidão no Brasil numa perspectiva correta do método dialético, que interpreto como a escravidão direta enquanto mediação da acumulação primitiva do capital nos centros da dominação colonial, como a Inglaterra e a Holanda.[16] No seminário estiveram presentes quase todos os pesquisadores envolvidos, nos anos 1970, em diferentes linhas do debate latino-americano sobre a questão conceitual da definição dos modos de produção.

Em minha exposição, afastava-me da orientação que reifica a concepção de modo de produção e deixa de lado a ampla diversidade do modo de produção que é cada vez mais própria do desenvolvimento do capitalismo e da dinâmica de suas contradições

Meu texto sobre "A produção capitalista de relações não capitalistas de produção" propunha um desdobramento reverso da tese decisiva de Fernando Henrique Cardoso, em *Capitalismo e escravidão no Brasil meridional*, de 1962:[17] a de que a escravidão da economia colonial tinha sentido no resultado capitalista de sua produção de mercadorias no centro do capitalismo que nascia. Reverso, mas desdobramento, porque a tese, fundamentadamente, pressupõe o processo de antecipação dos resultados do trabalho escravo, da escravidão direta, no capitalismo que lhe

---

reaparecerá, três anos depois, em 1972, sem citações, em Francisco de Oliveira, A economia brasileira: Crítica à razão dualista, *Novos Estudos Cebrap*, n.1, São Paulo, 1972.

16 Cf. Cardoso, *Capitalismo e escravidão no Brasil meridional*; Marx, in: Marx; Engels, *Materiales para la historia de America Latina*, p.166.

17 Cf. Martins, A produção capitalista de relações não capitalistas de produção: o regime de colonato nas fazendas de café, in: *O cativeiro da terra*, 2010.

dava sentido. O que pode ser definido como realização capitalista de produção econômica de trabalhador escravo.

Minha tese, reversa e continuadora, é a de que, abolida a escravidão e, supostamente, interiorizada a universalização da reprodução capitalista do capital, o próprio capital recria o trabalho escravo, sob outras formas não capitalistas de produção, como a da escravidão por dívida, a peonagem, o colonato. A escravidão colonial não fora, pois, um momento da evolução da economia pré-capitalista em direção ao capitalismo interiorizado, mas uma mediação estrutural e não capitalista constitutiva da tensão do modo de produção e realização da mais-valia. Nesse sentido, me oponho a Gorender, porque o "interno" é o da interioridade do modo de produção e não necessariamente o da exterioridade dos territórios da produção da mais-valia e da sua realização.

Convém ter em conta, a propósito, que a escravidão colonial, a escravidão direta, já era mesclada com formas não capitalistas de trabalho livre associadas ao trabalho escravo no processo de trabalho.[18] Eram remanescentes da servidão in-

---

18 Stanley J. Stein, em primoroso estudo histórico de caso sobre o café, documenta que, já no tempo da escravidão, a economia não era exclusivamente escravista, pois mesclava diferentes relações de trabalho não escravo, que tampouco eram todas propriamente salariais. Cf. Stein, *Grandeza e decadência do café no Vale do Paraíba*. Em alguns casos, escravos empregados em formas não escravistas de trabalho, seus senhores dotados de consciência de que o escravo nessa situação não era, do ponto de vista jurídico, totalmente escravo, mas uma combinação de identidades parciais. Como num dos casos que estudei, do índio administrado Marcos Bueno da Conceição, da Fazenda beneditina de São Caetano, na segunda metade do século XVIII – mais de cem anos antes da abolição da escravatura. Cf. Martins,

Capitalismo e escravidão na sociedade pós-escravista

dígena, dos libertados em 1755, livres, portanto, posseiros, agregados, mestiços e também brancos pobres. Antecipações fragmentárias de capitalismo, formas incompletas de um capitalismo remoto na exploração não capitalista do trabalho.

Em *O cativeiro da terra*, livro de 1979 em que foi publicado como capítulo principal o texto que apresentei no México, foi-me possível observar que a forma não salarial do trabalho livre, no colonato que sucedeu a escravidão na cultura do café, mesclava-se com formas propriamente capitalistas, como a salarial. Uma realidade laboral ambígua ocultamente definida na indefinição que chegava à consciência do trabalhador. Ou seja, já não existindo legalmente a escravidão, tendo o país se tornado, supostamente, o de uma economia baseada no trabalho livre, o surgimento de formas disfarçadas de escravidão indica que o capitalismo que aqui se difundiu, e de vários modos persiste, não se reproduz, própria e completamente, com base numa forma capitalista de compra e venda de força de trabalho, a salarial. É um capitalismo que carece, em anômala extensão, de relações de produção que assegurem lucro extraordinário para o capital, como tenho dito, um lucro de capitalismo desenvolvido numa economia subdesenvolvida.

Se o capitalismo fora uma possibilidade contida na escravidão, no capitalismo pós-escravista o não capitalismo de relações retrógradas era e é uma necessidade histórica do próprio capitalismo, o outro lado do processo do capital. As duas

---

A ilustração beneditina na São Paulo do século XVIII (As antecipações socialmente inovadoras nas Fazendas de S. Caetano e de S. Bernardo ainda nos tempos da escravidão), *Ora Labora et Studia — Revista da Biblioteca do Mosteiro de São Bento*, v. 1, n. 1, São Paulo, 2018, p. 11-41.

orientações se completam e se confirmam em tempos históricos opostos.

No Brasil decorrente da abolição da escravatura, em particular na economia do café, era o caso da autorização do cultivo próprio de alimentos pelo colono, nas leiras do cafezal, pagando-o ele, assim, com renda em trabalho no trato do café em vez de receber pagamento pelo trabalho nelas realizado simultaneamente ao trato dos cafeeiros. Tratava-se de uma forma camponesa e não capitalista de retribuição pelo uso da terra, um modo de pagar para trabalhar e não o modo capitalista de receber pelo trabalho.[19]

---

19 Boris Fausto entende que a economia do café do Oeste Paulista (1889-1930), porque baseada no trabalho livre, era "assentada em relações capitalistas de produção". [*sic*] E esclarece que "as relações típicas entre o colono e o fazendeiro [...] tinham este caráter, expresso na compra da força de trabalho – pagamento de trabalho necessário (salário) – apropriação do excedente, sob a forma de mais-valia, embora o salário proviesse de fontes monetárias e não monetárias". Cf. Fausto, Expansão do café e política cafeeira, in: *O Brasil republicano* (*História geral da civilização brasileira*, t.III), p.199. Mas há aí um problema teórico não resolvido. O de que os "salários" provenientes de fontes não monetárias envolvem relações de produção de fato pré-capitalistas, as do colonato, como as colheitas de cultivo próprio do colono nas leiras do cafezal. Caso em que, na verdade, por esse meio o colono pagava ao fazendeiro o trato do cafezal, em renda em trabalho, pela permissão de produção direta de meios de vida entre os cafeeiros. Pensando trabalhar para si mesmo, trabalhava para o fazendeiro, pois fazia a limpa do cafezal quando produzia seus próprios meios de vida. Por outro lado, na colheita, se a mão de obra da família fosse insuficiente, o colono pagava em dinheiro o salário do colhedor adicional, uma relação patronal e não uma relação laboral. Assim a mais-valia mencionada só se tornará visível na forma de lucro do fazendeiro, quando de sua realização na comercialização do

Capitalismo e escravidão na sociedade pós-escravista

Por outro lado, a colheita paga com salário por peça, por quantidade de café colhida, vinculada a uma área determinada do cafezal, acarretava ao colono a obrigação de pagar o salário do colhedor, como se fosse seu empregado, no caso de ser insuficiente a mão de obra familiar para fazê-lo. Ou seja, dividia com outro trabalhador, reduzindo-o, o ganho familiar pelo trabalho em grupo. Sem contar o trabalho gratuito da família no apagamento de incêndios e na feitura de cercas.

A análise do tema das formas não capitalistas de produção no processo de valorização do capital fica melhor situada e proposta na perspectiva de sua historicidade, o que depende de método de explicação que lhe corresponda e não de rotulações conceituais classificatórias desvinculadas das contradições daquele processo, como tem acontecido no caso do emprego sem mediação da categoria de modo de produção.

Nem a escravidão histórica da economia colonial, que Marx definia como escravidão direta,[20] nem a escravidão atual se explicam pela adoção dos esquematismos conceituais que se disseminaram na Europa, nos Estados Unidos e na América Latina, nos anos 1970 e 1980, quando se tornou moda, no meio acadêmico e no meio político, a questão dos modos de produção e a dúvida quanto a ser a escravidão um modo de produção. Como se o grande problema fosse o de encontrar conceitos que dessem nome por enquadramento a uma realidade supostamente diversa da descrita e interpretada na obra de Marx. No fim das

---

café. Estava apenas invisível e provisoriamente suposta nas sucessivas formas de exploração do trabalho do colono.

20 Cf. Marx, Carta a Annenkov, Bruxelas, 28 de dezembro de 1846, in: Marx; Engels, *Materiales para la historia de la America Latina*, p.151-2.

contas, o que diria Marx sobre a escravidão atual? Na verdade, ele o disse várias vezes em textos que trataram da realidade econômica e social adjetiva e da margem em relação ao capitalismo europeu e dominante.

Marx não conheceu, senão superficialmente, a situação da América Latina, e conheceu mais superficialmente ainda a do Brasil. Mas acompanhou no cotidiano o vaivém de medidas políticas e tensões dos países dominantes, em especial Inglaterra e Estados Unidos, e suas diretas conexões com a realidade social no Novo Mundo, em particular a da escravidão. Como observou ele: "Os povos modernos não fizeram mais do que encobrir a escravidão entre eles mesmos e introduzi-la sem embargo no Novo Mundo".[21]

Em vários de seus trabalhos, ele sugere que as formas assumidas pelo trabalho livre que decorreu da abolição da escravatura apenas a continuou sob disfarce. Essa ideia não resolve a questão da explicação da nova escravidão. Mas estabelece as bases de um roteiro de investigação e de explicação sociológicas do que ela é.

Ele se defrontou com o desafio, sem resolvê-lo, de realidades sociais e econômicas discrepantes com a do modelo inglês de sua referência em *O capital*, como a da Rússia, a da Índia e a de outros países. Isso se verifica no *Grundrisse* e em *O capital*, dentre outras obras, mas também nas várias cartas enviadas a Annenkov, em que o tema é o das formas não capitalistas de trabalho no processo de reprodução do capital, como nesta carta de 1846, relativa à escravidão nos Estados Unidos: "A escravidão direta é o fundamento de nosso industrialismo atual

---

21 Cf. ibidem.

Capitalismo e escravidão na sociedade pós-escravista

do mesmo modo que as máquinas, o crédito etc. Sem escravidão não teríamos algodão, sem algodão não teríamos indústria moderna".[22]

Em interpretações como essa, respingam resultados de suas observações paralelas ao seu modelo de referência. Respingos que têm a função metodológica e heurística de situar o que hoje é tido como conceito e que na obra de Marx tem a função cognitiva de noções inconceituais, porque abertas, e não fechadas como ocorre com os conceitos na observação crítica de Henri Lefebvre.[23]

O nascimento da concepção de capitalismo como um todo teórico, no século XIX, se deu tendo por referência o país em que o capitalismo se realizava dinamicamente de maneira, naquele momento, mais completa, a Inglaterra. E não os países mais numerosos em que se realizava incompletamente de maneira mais contraditória e mais diversificada, com a polarização de temporalidades históricas mais radicais. Capitalismo na teoria, mas não necessariamente capitalismo inacabado como o da América Latina.

Numa linha de interpretação minoritária, porém mais fecunda, Fernando Henrique Cardoso, em sua tese de doutorado já citada, *Capitalismo e escravidão no Brasil meridional*, estuda o capitalismo em sua margem colonial e escravista, na perspectiva de uma escravidão que cria valor que se determina, como capitalista, pela reprodução ampliada do capital no momento final de seu processo e de sua valorização. Trabalho que se completa

---

22 Cf. Marx; Engels, *Materiales para la historia de America Latina*, p.152.

23 Cf. Lefebvre, La notion de totalité dans les sciences sociales, *Cahiers internationaux de sociologie*, v.18-9, p.55-77.

na obra de Fernando Antonio Novaes, também doutorado, *Portugal e Brasil na crise do antigo sistema colonial (1777-1808)*.[24] São as duas teses mais importantes do Seminário de Professores sobre *O capital*, que José Arthur Gianotti organizou e coordenou na Faculdade de Filosofia, Ciências e Letras da Universidade de São Paulo, de fim dos anos 1950 e início dos anos 1960.[25]

Nesse sentido, era um país em formação, não necessariamente o da reprodução das formas sociais do capitalismo hegemônico. Uma realidade social e econômica singular que continha o que os países ricos da Europa não tinham, do mesmo modo que tinham o que aqui nos faltava. Em suma, há uma territorialidade do capitalismo, que é a do mercado mundial e da universalidade do capital, que em suas contraditórias relações de produção e de reprodução ampliada do capital produz sua própria base territorial, que não coincide com a dos países singulares.

---

24 O historiador Frei Gaspar da Madre de Deus (1715-1800), que foi Abade do Mosteiro de São Bento do Rio de Janeiro e Abade Provincial da Ordem no Brasil, pesquisador cuidadoso dos arquivos históricos, tinha grande familiaridade técnica com a documentação sobre a economia beneditina e a economia brasileira. Em referência aos engenhos de açúcar da Capitania de São Vicente, no século XVI, recupera o vocabulário de definição da sua organização econômica, um vocabulário capitalista de sociedades por ações. Portanto, um formato capitalista que se estendia da Europa ao Brasil, com as ressalvas não capitalistas, como a escravidão dos índios e o status estamental dos senhores. Cf. Frei Gaspar da Madre de Deus, *Memórias para a Capitania de São Vicente*, p.85-7.

25 Sobre o seminário referido, cf. Gianotti, Notas para uma análise metodológica de *O capital*, *Revista Brasiliense*, n.29, maio-jun. 1960, p.60-72; e Schwarz, Um seminário de Marx, in: *Mais!* (Suplemento da *Folha de S.Paulo*), 8 out. 1995, p.4-5.

Capitalismo e escravidão na sociedade pós-escravista

Isso sugere, quanto à problemática da escravidão atual, a importância de um diálogo interpretativo no campo do questionamento de Rosa Luxemburgo a Marx. O da ausência de uma explicação, em Marx, para a realização da mais-valia: "... nem os operários nem os capitalistas podem realizar eles próprios a parte da mais-valia destinada à capitalização. Consequentemente, a realização da mais-valia para fins de acumulacâo é um problema insolúvel numa sociedade constituída apenas de operários e capitalistas".[26] E esclarece: "Na verdade, a mais-valia só pode ser realizada por camadas sociais ou sociedades cujo modo de produção é pré-capitalista".[27] Mesmo em nossos tempos coloniais, era o mercado mundial que atava os produtos locais à produção propriamente capitalista: "comércio mundial, que, nas circunstâncias concretas, é essencialmente uma troca entre as formas de produção capitalistas e as não capitalistas".[28]

A concepção de formas não capitalistas, porém, omite as singularidades que essas formas podem adquirir em diferentes lugares, momentos e situações sociais. Aparentemente, Rosa Luxemburgo está se limitando a formas pré-capitalistas e tradicionais de produção. Mas sua definição – de serem elas "formas não capitalistas" –, ainda que não ressalte o que aqui destaco e que está pressuposto nos textos de Marx, não nega que a própria reprodução capitalista do capital gera e cria sua produção não capitalista, mediação necessária de um intercâmbio desigual entre uma forma e outra e um resultado e outro enquanto momentos da totalidade do processo.

---

26 Cf. Rosa Luxemburgo, *A acumulação do capital*, p.300.

27 Cf. ibidem, p.301-2.

28 Ibidem, p.309.

Essa orientação depende de levar-se em conta que as sociedades não capitalistas são, também elas, produtoras de mercadorias, pois a realização da mais-valia do capitalismo depende da mediação de mercadorias produzidas de modo não capitalista. Na época dos descobrimentos a troca com os produtores nativos era fantasiosa, como a de miçangas por troncos de pau-brasil. Mas rapidamente se transformou num sistema econômico de produção de mercadorias, como o açúcar e mais tarde o café, associado com a produção direta dos meios de vida não só dos escravos, dos trabalhadores livres e dos próprios senhores de escravos.

A forma não capitalista de produção de mercadorias, que é o que pressupõe a análise de Rosa Luxemburgo, foi um modo de produção não cogitado por Marx, nem por ela, no detalhe decisivo da economia de excedentes decorrente de força de trabalho ociosa, de terra ociosa e de meios de produção ociosos, residuais da produção para o mercado. Essa economia entrou em declínio, no Brasil, apenas nos anos 1960.[29] Sem ela, a produção não capitalista das mercadorias de exportação não é nem teria sido possível.

As formas não capitalistas de trabalho constituem uma necessidade constitutiva do capitalismo e não momento de uma evolução para um capitalismo típico-ideal, isto é, destituído das irracionalidades que o desfiguram e limitam. Embora, residualmente, o capitalismo tenha se institucionalizado entre nós pelas possibilidades na dependência contidas, pelo que Celso Furtado chamou de interiorização dos centros de decisão econômica.[30]

---

29 Cf. Martins, *Capitalismo e tradicionalismo*, p.1-42.
30 Cf. Furtado, *Formação econômica do Brasil*.

Capitalismo e escravidão na sociedade pós-escravista

Isso, no meu modo de ver, confirma a dúvida de Luxemburgo e confirma o erro do marxismo vulgar, tão fortemente presente nos pressupostos ideológicos da militância política anticapitalista, sem fundamento teórico, em questões como a da "escravidão contemporânea".[31]

A "escravidão contemporânea" não é o detalhe de um segmento do capitalismo, que possa ser estudado à parte como se fosse um todo com legalidade própria. Na verdade, trata-se de mediação constitutiva da totalidade do processo do capital. "Escravidão contemporânea" e capitalismo se determinam reciprocamente. É o todo contraditório do capitalismo que se revela nas ocorrências de trabalho escravo onde quer que se dê.

Não é nem um pouco casual que a escravidão se estenda para várias regiões do mundo, mesmo para países desenvolvidos como Inglaterra e Estados Unidos, o que confirma, no meu modo de ver, que a escravidão constitui, em algum grau, uma necessidade do processo de produção do capital. Não é, portanto, apesar das aparências, apenas expressão de atraso econômico e histórico, mas aproveitamento e reinvenção de formas atrasadas de vida e de trabalho.

Neste livro, proponho uma interpretação dos fatores e causas do que é, no entanto, atraso social, expressão do desenvolvimento desigual, na definição das singularidades do capitalismo que julgamos ter e que não temos. Isto é, que se revela até em reiterados casos cotidianos de escravidão por dívida, não só

---

31 Lukács entende que "os marxistas vulgares *se colocam no nível de consciência da burguesia*" (grifo do original) e não no da consciência operária. Cf. Lukács, *Histoire et conscience de classe*, p.93.

41

no meio rural.[32] As inesperadas repercussões do caso de fevereiro de 2023, dos colhedores de uva das vinícolas do Rio Grande do Sul, originários da Bahia, indicam que a escravidão por dívida pode ter alcançado o limite do abusivo. Em consequência, causou a reação propriamente social na figura do mero consumidor, através da tática do boicote às mercadorias nessas condições produzidas.[33] No acordo que as vinicultoras tiveram que fazer com as vítimas, para tentar conter o efeito multiplicador do estigma decorrente da repercussão do fato, o trabalho escravo acabou saindo bem mais caro do que seria o do vínculo contratual-legal. Essa pode ser uma indicação de que ainda que a escravidão, sob o disfarce da terceirização, possa ter uma função econômica vantajosa para as empresas, deixa de tê-la pelo desgaste moral, de fundo político, que acarreta.

No Brasil, a escravidão atual está distribuída em diferentes situações de trabalho. Notícias colhidas ao acaso, de muitas divulgadas quase diariamente pela mídia brasileira, mostram a disseminação cada vez maior de trabalho escravo no país. E sua adoção em setores cada vez mais inesperados das atividades econômicas, no campo e na cidade, até mesmo em relativa-

---

32 Na noite de 24 de fevereiro de 2023, quatro ônibus, escoltados pela Polícia Rodoviária Federal, levaram do Rio Grande do Sul, de volta para a Bahia, 194 trabalhadores da colheita de uva, de 207 resgatados de "condição semelhante à de escravidão". Cf. Ana Júlia Griguol e Gabriela Clemente, Trabalhadores encontrados em situação semelhante à escravidão no RS voltam para casa; Fernanda Brigatti, Trabalhadores de colheita de uva no RS são resgatados, in: *Folha de S.Paulo*, ano 103, n.34.296, 25 fev. 2023, p.A20.

33 Cf. Martins, Escravidão na colheita de uva, in: *Eu& Fim de Semana*, *Valor Econômico*, ano 23, n.1.149, São Paulo, 10 mar. 2023, p.4.

Capitalismo e escravidão na sociedade pós-escravista

mente modestas situações de trabalho doméstico, apesar das resistências de vários tipos que a ele se opõem. Indício de que já não se trata de exceção, mas de modalidade estrutural de exploração da força de trabalho. A exceção vem se tornando a normalidade da relação de emprego.

Isso indica que, quanto àquilo que é propriamente um modo dominante de produzir a riqueza e de multiplicar o capital, setores econômicos marginais que, em outras economias, aparentemente, já desapareceram com o desenvolvimento capitalista aqui ainda cumprem uma função complementar e renovada num sistema ampliado de exploração de força de trabalho vulnerável. Uma espécie de subcapitalismo de apoio ao eixo principal da exploração do trabalho pelo capital. Uma forma a mais e indireta de sobre-exploração laboral que se materializa no incremento da taxa de lucro do movimento do capital por vias não capitalistas, um lucro extraordinário.

São 27,6 milhões de trabalhadores, no mundo inteiro, em diferentes situações de escravidão, especialmente por dívida, mediante adiantamentos e endividamentos propositais para subjugá-los.[34] Quase 4 milhões estão nas Américas. Uma parte proporcionalmente pequena, porque disfarçada, está no Brasil. Aqui, ainda há mais seres humanos sob sujeição do que parece, homens, mulheres e crianças. Nos anos 1970, só na Amazônia havia entre 250 mil e 400 mil trabalhadores escravizados empregados no desmatamento e na formação de novas fazendas para criação de gado.[35]

---

34 Cf. Global Estimates of Modern Slavery, in: International Labour Organization, September, 2022.

35 Cf. Branford; Glock, The Last Frontier – Fighting Over Land, in: *The Amazon*, p.55.

Em comparação com os milhões em trabalho forçado, há no mundo outro tanto de mulheres sob escravidão de casamento forçado, em consequência de sua venda como esposas, reduzidas à condição de mercadoria, pelo próprio pai, como no Sri Lanka e na China. Esposas que nesses países têm a função de mão de obra forçada do marido nos trabalhos do campo. Portanto, mais de 60 milhões de seres humanos sob jugo.

Aqui no Brasil, o relativa e numericamente "pouco" não quer dizer que não seja social e sociologicamente muito grave e suficiente indicação de que o processo de reprodução do capital persiste mediado por anomalias como essa.

O capitalismo se difunde pela integração de todas as relações arcaicas subsistentes e as modernas nascentes[36] e de todas as diferenças sociais. Ele cria seu próprio tempo universal, dissolve barreiras que separam lógica e historicamente os momentos do que só no resultado final rompe a barreira das invisibilidades que precede o afloramento do lucro unificador e por meio do qual a mais-valia se realiza.[37] Isso independentemente da datação da forma social da relação de trabalho, pela mediação do dinheiro e das metamorfoses que dela decorrem.

---

36 Cf. Marx, *El capital: crítica de la economía política*, t.II, p.73.

37 "Essas formas antigas e, muitas vezes, arcaicas sobrevivem mediadas, porém, por outras relações sociais fundamentais, muito diferentes das relações sociais que permeavam tais concepções no passado distante. Portanto, a forma pode ser a mesma, mas o significado é, no geral, inteiramente outro." Cf. Martins, A vida privada nas áreas de expansão da sociedade brasileira, in: Lilia Moritz Schwarcz (org.), *História da vida privada no Brasil*, v.4, p.664. É o mesmo que, na mediação do valor que se acumula como capital, se metamorfoseia, se torna outra coisa como se parecesse a mesma que já fora.

Capitalismo e escravidão na sociedade pós-escravista

O produto de um modo não capitalista de produzir se realizará no consumo do comprador final com o produto do capital que, reelaborado e elaborado de modo capitalista, o faz chegar ao mercado e ao consumo. Seu valor será o revelado nessa realização como mais-valia do capital que subsumiu e acumulou os excedentes do trabalho em relação ao trabalho necessário à produção de cada etapa do processo de produção, não capitalista e capitalista.[38]

Por trás desse processo estão os pressupostos metodológicos e explicativos da dialética da reprodução ampliada do capital. É interessante que Marx, no *Grundrisse*, tenha situado uma explícita análise da questão do método dialético no interior da análise da circulação e do dinheiro, isto é, da mediação que dissolve formas e diferenças e revela realidades ocultas nas relações sociais. O concreto que o é "porque é a síntese de muitas determinações, portanto, unidade do diverso".[39]

Henri Lefebvre retomou essa formulação de Marx na elaboração do seu método regressivo-progressivo, em que as datações dos momentos são analisadoras-reveladoras.[40] Para chegar a elas, porém, o método tem três momentos: o da observação da realidade e sua descrição atenta aos detalhes e diferenças; o analítico-regressivo: o da análise e do esforço para datá-la, isto é, descobrir-lhe a gênese, definir o que é de que momento

---

38 Cf. Marx, *Elementos fundamentales para la crítica de la economía política (Borrador) 1857-1858*, v.I, p.23.

39 Cf. ibidem, p.21.

40 Cf. Lefebvre, Perspectives de sociologie rurale, *Cahiers internationaux de sociologie*, v.XIV, p.122-40; e também idem, *Hegel, Marx, Nietzsche ou o reino das sombras*, p.203.

do processo histórico, de que relações sociais e determinações; o histórico-genético, do retorno ao presente e à superfície da realidade, elucidados, compreendidos e explicados.

Os respectivos tempos são identificados e confrontados na explicitação reveladora do desenvolvimento social desigual. No cotidiano dos desencontros das temporalidades reveladas, a fonte da consciência social das contradições e do possível. Um método além da indução e da dedução, transdutivo, como ele o chamou, porque referido à contradição do real e do possível, ao que ainda não é, mas está lá, já definido, virtual, possível, realizável.[41]

Nesse processo é o capitalismo que se reproduz, mas que também se nega nas tensões da desigualdade do desenvolvimento social em relação ao desenvolvimento econômico. É esse um dos resultados de relações mediadoras em que o elo final realizará o valor contido nos nexos precedentes de todas as diferentes formas sociais do trabalho envolvidas no processo de produção. É o resultado final aquele que determina a quota alíquota de valor de cada momento e de cada elo. O incalculável do sem valor torna-se calculado no que se dá a ver no momento da realização da invisibilidade que o valor é, quando o produto sai da circulação e deixa de ser valor de troca, e se dá a ver como valor de uso, derradeiro valor para a troca, a utilidade. Portanto, o método permite desvendar tanto a historicidade do real quanto a história da sua produção, o seu cotidiano.

Logo que tiveram início as atividades econômicas no Brasil, após o Descobrimento, o pau-brasil, fonte potencial da tinta vermelha para colorir tecidos na Europa, era obtido dos índios,

---

41 Idem, *Critique de la vie quotidienne*, v.I, p.243-67; *Métaphilosophie*; e ainda *La Revolución Urbana*.

Capitalismo e escravidão na sociedade pós-escravista

pelos conquistadores, em troca de quinquilharias, de miçangas, que lá "nada valiam". Sem ser produzido como mercadoria e, portanto, sem valor reconhecível, uma categoria inexistente na sociedade tribal, o destino final do produto, no tecido colorido com sua tinta, no preço de venda, realizava um valor não pago, contido mas não sabido, em cada tronco abatido.

No entanto, quando o indígena derrubava, sem um motivo propriamente seu, um tronco de pau-brasil para o branco, esse tronco já tinha um valor potencial à sua espera lá no destino, onde se tornaria tinta para tingir um tecido que mostrará sua cara de mercadoria no momento em que será vendido, para se tornar o vestido que ornará o corpo de uma dama. Só então revelará quanto valia o trabalho do índio que aqui não sabia, ainda, que fosse um trabalhador, um criador de valor que lá se realizará.

Ao longo do tempo e da história, a troca desigual de trabalho por quinquilharia se desdobrará como produção residual de mercadorias, feitas com trabalho excedente em relação ao necessário à reposição dos meios de vida de um trabalhador do latifúndio brasileiro.

Não é a forma aparente, porém, que diz qual relação social de trabalho é ela, sua determinação contraditória na acumulação ampliada do capital, cuja compreensão sociológica só pode ser feita com base no método dialético, o que permite decifrar o movimento dos opostos que se determinam reciprocamente, a unidade do diverso, as invisibilidades da teia de relações sociais que se dão não entre pessoas, mas, alienadamente, entre coisas que representam pessoas.

Isso sugere um capitalismo tolhido por insuficiências de constituição e de realização. Um capitalismo permanentemente aquém do possível, bloqueado pelas contradições que o inviabilizam, que se torna mediação de subdesenvolvimento e de personificações anômalas do capital num empresariado que, também tolhido, tende a cúmplice do anômalo e que, mesmo inconscientemente, o expressa. E de uma classe trabalhadora cujas determinações sociais são antagonicamente as mesmas dos que a exploram e, portanto, minimizada por se tornar, assim, uma categoria social frágil. Sem condições de vislumbrar e de realizar a superação de sua degradação.

Essencialmente, uma classe trabalhadora carente de capitalismo que a mobilize e lhe dê condições de desenvolver a consciência de que o processo de trabalho é disfarçadamente um processo de valorização do capital. E lhe dê condições, também, de compreender que cada um é braço do trabalhador coletivo que cria valor numa economia determinada pela contradição de que nela o trabalho é social e a apropriação dos resultados do trabalho é privada.[42]

Compreender, sobretudo, que nas lutas camponesas o quadro de referência da consciência social do trabalhador não é diretamente o mesmo que funda e mediatiza a consciência operária.[43] O seu possível é diverso e as superações bloqueadas, no caso brasileiro, pelos poderes políticos antagônicos decorrentes de um capitalismo rentista, especulativo e improdutivo, antissocial.

As frequentes e significativas mediações religiosas e milenaristas da visão de mundo das populações camponesas são es-

---

42 Cf. Marx, *El capital: crítica de la economía política*, v.I, 2ª edición, p.3-47.

43 Cf. Martins, *A sociedade vista do abismo: novos estudos sobre exclusão, pobreza e classes sociais*, especialmente o Capítulo 2.

Capitalismo e escravidão na sociedade pós-escravista

tigmatizadas como expressões antimodernas e anticapitalistas "próprias" de populações da roça. Essa estigmatização deturpa e desqualifica a dimensão propriamente política da realidade camponesa, expulsa-a do tempo histórico da política dos de sua condição social e de classe e a expulsa, indevidamente, do presente como momento e lugar da história. O mundo camponês é, legitimamente, o mundo da comunidade (da família e da vizinhança) em inevitável antagonismo em relação à racionalidade e ao individualismo das relações societárias que foram capturadas pelo capital. Ignorar essa singularidade social é mutilar na raiz a práxis camponesa e empobrecê-la.

Isso não a desvincula da totalidade que se determina pela reprodução ampliada do capital. É o pressuposto da vivência das contradições pelas quais o trabalho social da produção capitalista pode ser compreendido como tal e nessa compreensão se revele como o possível contido na própria situação. Um possível que não se particulariza singularmente nas peculiaridades sociais da condição camponesa, diversa da condição operária.

Também para o sociólogo é a referência para que tais contradições sejam cientificamente explicadas, de modo a nelas abrir o vislumbre de uma consciência científica da realidade e de uma práxis de superação das contradições e da respectiva falsa consciência que lhes bloqueia a visibilidade e o deciframento.

Leve-se em conta que militância é o ativismo limitado e mesmo alienado, aquém da práxis, que pode até mesmo redundar em inconsciente cumplicidade de quem é explorado em relação a quem o explora. Há uma complicada distância temporal entre militância e práxis que depende das mediações e das condições sociais e políticas desta última. Nesse cenário é que o voluntarismo político pode comprometer a militância.

Os movimentos sociais, a práxis viva, que expressam as necessidades radicais dos pobres da terra, sob a forma de consciência científica da realidade, definiram um novo sujeito do processo político brasileiro, mas também adversários poderosos que têm tolhido todo o alcance possível da luta pela terra e pelo trabalho livre.

É dessas condições de produção e de dificuldade de expressão que nasce a variante do que vem sendo chamado de "escravidão contemporânea" – quando as condições da realização capitalista do resultado da produção dependem do lucro extraordinário a que me referi para se igualar ao que é, propriamente, produção diretamente capitalista.

Além disso, o enquadramento do problema na realidade atual pede a cautela de distinguir que os interessados no assunto não estão necessariamente falando de escravidão, mas sim de forma escravista de trabalho. Escravidão tende a significar que o conjunto do sistema produtivo é baseado no cativeiro de quem trabalha. Na verdade, não é o caso do Brasil nem é o caso de boa parte dos países que aparecem nas estatísticas que indicam que a economia ainda abrange formas servis de trabalho sob sujeição e coerção.

Aqui, e mesmo nesses países, o sistema econômico é um modo de produção de mais-valia extraída e realizada em função da reprodução ampliada do capital. Ainda que comporte, em alguns dos momentos do processo de trabalho, sobre-exploração ou, até mesmo, sua exploração não capitalista e principalmente escravidão.

Convém ter em conta que essa escravidão, na atualidade, tende a ser temporária, o que é decisivo para compreender por que ela ocorre, onde ocorre, quando ocorre e como ocorre.

Capitalismo e escravidão na sociedade pós-escravista

Ou seja, qual é seu lugar nesse modo de reprodução ampliada do capital e a causa da falta de expressão social e política adequada da anomalia que representa. Pois existe mas passa, ainda que, na diferenciação cíclica do processo de trabalho, tenda a retornar.

São casos em que a forma social do trabalho, histórica e sociologicamente, se destaca do conteúdo que lhe dá sentido. E dele se retarda em decorrência do desenvolvimento desigual do capital, das temporalidades desencontradas dos diferentes momentos do processo de trabalho, de sua percepção lenta e nem sempre realizada e da falsa consciência que dele decorre e o legitima.

A mediação que dá sentido, e as explica, à articulação das diferentes formas não capitalistas de trabalho na sociedade capitalista, que é esta, é a mais-valia delas extraída como mero e demasiado excedente de trabalho em relação ao necessário à sobrevivência do trabalhador e em relação à taxa média de exploração da força de trabalho. Ou seja, o *fundamento desigual* da reprodução capitalista ampliada do capital.

Nesse caso, a forma social da relação de trabalho é datada em datas historicamente atrasadas, diferentes daquela de referência do modo de produção do capital, o do seu momento de realização do valor contido no objeto que o contém. Isso decorre de que o trabalho criador de mais-valia, no capitalismo, o trabalho mediado, não é apenas nem principalmente o trabalho individual, mas sim o trabalho social, como interpreta Marx e como já citei. Assim é definido a partir do resultado do trabalho que é de todos, também os dispersos e diversos. Os quais, de diferentes formas, contribuem para o resultado final do processo de trabalho que é a acumulação de capital, a valorização do capital. Resultado que define sua historicidade, isto é, suas tensões, os desencontros e contradições que o movem.

Para que isso se dê, já o demonstrou Marx, é preciso que o trabalhador se torne proprietário, tal como quem o emprega. Proprietário, porém, da única coisa de que o capitalista precisa mas não tem, a força de trabalho.

Nesse sentido, é necessário que sejam juridicamente iguais para encobrir o fato de que são economicamente desiguais, fundamento do lucro e da alienação que o viabiliza sob a aparência de uma justa troca entre trabalho e capital. A questão é saber como se dá essa referência estrutural do processo do capital nas anomalias das formas não capitalistas de trabalho. Ou seja, qual é o engano alienador que a legitima na consciência da vítima.

No trabalho livre, o trabalhador não se vende ao comprador (o traficante, o fazendeiro). Ele nem mesmo vende seu trabalho, mas sim sua força de trabalho. Não o faz porque seja obrigado, mas porque precisa.[44] Tem a liberdade de vendê-la a quem lhe oferecer melhores condições de trabalho e melhor pagamento. Ou seja, o trabalhador é livre porque é protagonista da situação social do trabalho. Pode aceitar a contratação e pode rescindir o contrato.[45] É essa liberdade que define o trabalho assalariado. É essa liberdade que não tem o trabalhador escravizado da atualidade capitalista.

A forma escravista do trabalho, porém, é forma anômala do capital variável, o capital que cria valor, que no trabalho livre é o dispêndio de capital com o salário. Na escravidão o traba-

---

44 Cf. Marx, Trabalho assalariado e capital, in: Marx; Engels, *Obras escolhidas*, v.I, p.63.

45 Cf. Marx; Engels, *Materiales para la historia de la América Latina*, p.176.

Capitalismo e escravidão na sociedade pós-escravista

lhador não é dono de sua vontade porque não é dono de sua pessoa. Nesse caso, sequer é pessoa. Ele é mercadoria, objeto e coisa, como qualquer outra mercadoria, como um animal de trabalho, um semovente.

Na "escravidão contemporânea", a diferença é a de que se trata de escravidão temporária, ainda que, como o caso brasileiro mostra, ardis e violência sejam empregados para prolongar a sujeição além do contratado pelo "gato", o aliciador e traficante, até mesmo com a revenda do cativo.

O detalhe de ser temporária a escravidão confirma que ela ocorre em parte em virtude das características e insuficiências de oferta de força de trabalho no mercado de trabalho. Uma oferta que sobrepasse a procura e fragilize o poder de negociação do trabalhador e barateie seu trabalho. Mas também porque as condições históricas e culturais das populações mais sujeitas a se submeter à escravização as empurram em direção aos ardis do traficante de mão de obra, que manipula a dupla linguagem do mundo comunitário do trabalhador e do mundo autoritário da exploração do trabalho. O traficante de escravos é um agente antropologicamente bilíngue e bicultural. Que transita entre dois mundos e utiliza esse conhecimento em proveito próprio, ao utilizar seu domínio da cultura e dos costumes de origem do trabalhador que escraviza, que procede do mundo comunitário, para dele arrancar mais valor do que dispende na sua sumária manutenção.

O escravo como renda capitalizada

O trabalhador sob escravidão, uma forma retrógrada de relação de trabalho, cumpre, no entanto, uma função capitalista disfarçada na composição orgânica do capital de quem de seu trabalho se vale. A função que cabe ao trabalho, a de produzir mais trabalho do que aquele que contém o trabalhador, o ser humano, para poder trabalhar, a mais-valia. E assim a possibilidade da anomalia da superexploração do trabalho e/ou do trabalho escravo, remunerado com menos do que o necessário à reprodução do trabalhador e sua família, a dos seus potenciais continuadores.

Historicamente, no Brasil pós-abolicionista, a nova escravidão foi disseminada nas atividades rurais e assim continua sendo, com as exceções do seu emprego na indústria urbana do vestuário, como trabalho permanente. No campo, a escravidão tem sido temporária, com peculiaridades históricas e sociais que lhe explicam a precariedade e a violência laboral.

O escravo temporário é pessoa que está no mero limite da subsistência e que aceitou a peonagem para poupar à família os gastos com suas necessidades de sobrevivência, sem a contrapartida do trabalho na lavoura própria, situação característica dos momentos de entressafra na economia de subsistência e de seus excedentes.

O emprego contemporâneo de trabalho escravo no Brasil tem tido sua função historicamente mais significativa na abertura de novas fazendas na região amazônica, sobretudo a partir dos anos 1960. O recurso a ele em boa parte se explica, mas não apenas, pelo isolamento territorial dos lugares de realização do trabalho e, portanto, da falta de uma oferta de força de trabalho que exceda a procura nos cenários de formação das fazendas. A concorrência entre os próprios trabalhadores forçaria a redução do custo da força de trabalho. A geografia adversa ao mercado de força de trabalho na frente de expansão, no entanto, anulava a oferta espontânea de trabalhadores.

Capitalismo e escravidão na sociedade pós-escravista

É o que tornou "necessário" o recrutamento ardiloso e enganador da força de trabalho nos bolsões camponeses das regiões pobres, que criava e cria as bases sociais da escravidão temporária. A coerção e a violência assegurariam os efeitos supletivos ou substitutivos, como asseguraram e asseguram, da oferta superior à demanda. Modo de reduzir o preço da força de trabalho, isto é, o capital variável, na composição orgânica do capital. De modo que o capital lucre e lucrasse como capital de alta composição orgânica, totalmente falsa, e da lucratividade correspondente, totalmente verdadeira.

Ou seja, não propriamente a exploração da força de trabalho, mas o saque da força de trabalho através do trabalho gratuito possibilitado pela escravidão por dívida. Como diz Marx, numa das cartas a Annenkov: "Na pessoa do escravo se rouba diretamente o instrumento de produção [...] O fato de que os proprietários americanos das fazendas, não só os que denominemos capitalistas, mas que o *sejam*, baseia-se em que esses fazendeiros existem como anomalias dentro de um mercado mundial fundado no trabalho livre [...]."[46]

Esse problema já existia no regime de barracão da economia de extração do látex nos seringais nativos desde as décadas finais do século XIX, um regime de sujeição por dívida, a dos adiantamentos recebidos do dono do seringal.

No caso da abertura de novas fazendas, é indiscutível o seu caráter de empreendimento capitalista, até porque empresas criadas para o lucro, até com incentivos fiscais por isenção de uma parcela do imposto de renda devido. Dessa parcela se

---

46 Cf. Marx, Carta a Annenkov, Bruxelas, 28 dez. 1846, in: Marx; Engels, *Materiales para la historia de la America Latina*, p.164.

forma o capital constante da composição orgânica do capital da empresa. Porém, o cumprimento das obrigações legalmente vigentes no país em relação à contratação dos trabalhadores, o pagamento do salário devido, elevaria a proporção da remuneração da força de trabalho, isto é, do capital variável, em relação ao capital constante. Isso o tornaria empreendimento de baixa composição orgânica do capital, e portanto de um capitalismo funcionalmente atrasado.

Empresas de alta composição orgânica de capital, como as empresas industriais do Sudeste, que investiram na Amazônia, incorporaram ao seu patrimônio empresas incentivadas de baixa composição orgânica de capital. Empresas comparativamente pobres, de proporcionalmente baixa lucratividade, nas quais os grupos econômicos a que pertenciam ou pertencem, em condições normais, não teriam interesse em investir. A expansão da fronteira econômica na Amazônia, já no período capitalista do trabalho livre, não expressou nem expressa a natural expansão do capital por fatores de mercado. Foi e tem sido consequência de uma opção militar por um projeto geopolítico de favorecimento do grande capital em detrimento da agricultura familiar, tida como atrasada, de sujeitos sociais politicamente vulneráveis ao aparelhamento de esquerda. Uma das mediações dessa opção e desse processo foi o projeto de regularização e institucionalização da reforma agrária do general Golbery do Couto e Silva, que resultou, com a ditadura, na reforma constitucional que viabilizou uma via de concretização da função social da propriedade e a promulgação do Estatuto da Terra.

O reduzido custo do trabalho escravo, mantido no conformismo simulado de uma alta oferta de força de trabalho em face de uma baixa procura, graças à repressão armada de

Capitalismo e escravidão na sociedade pós-escravista

jagunços e pistoleiros, feitores modernos, tornou e torna possível reduzir o custo do trabalho e fazer das despesas laborais baixas capital variável baixo em relação ao capital constante ficticiamente alto, para assegurar a funcionalidade de uma manipulada alta composição orgânica do capital dessas empresas incentivadas.

Ocorre que esse é o cenário na mentalidade da empresa, na cultura capitalista que rege o uso do capital. Na prática, porém, essa é a função do trabalho no conjunto do capital da empresa, a de capital variável. Dado que, apesar de baixo investimento em relação à compra de força de trabalho por salário, o trabalhador só está disponível porque subjugado pela violência do jagunço na tortura, na ameaça de morte, nas privações, no medo. E pela dívida que o torna um prisioneiro de consciência por seu débito cultural com as tradições sociais de sua socialização, ainda que, temporariamente, a pessoa do trabalhador se torne, nesses casos, propriedade de quem o alicia e subjuga pelo endividamento ou de quem o compra do traficante. O trabalhador do regime de peonagem torna-se mercadoria e propriedade e é nesse caso que se torna propriamente escravo. Os "gatos" e recrutadores dominam técnicas sociais que tornam a sujeição socialmente eficaz e demorada a tomada de consciência de que se trata de um regime de escravidão. Quando essa tomada de consciência se dá, todo o enredamento da pessoa na trama do cativeiro já foi tecida.

O trabalhador, ao se tornar escravo, mesmo temporariamente, tendo seu corpo comprado e vendido e sua vida sujeita a extinção nas insuficiências do cativeiro, ao se tornar um animal de trabalho e deixar de ser dono de si mesmo, de sua vontade e de sua consciência, ao se tornar coisa, e não trabalhador assalariado, torna-se *renda capitalizada*.[47] O endividamento, embora pareça adiantamento de salário, é de fato compra do corpo do trabalhador, é transferência de propriedade, embora ele não saiba disso. O trabalhador não vende sua força de trabalho, que é própria do regime capitalista, mas vende seu trabalho, vende seu corpo que trabalha.

Esta é uma histórica premissa jurídica da escravidão que, no reino de Portugal e, por extensão, no Brasil, tem vigência desde o século XVI:[48] o cativo – porque ou foi capturado em guerra justa ou porque se vendeu em troca de comida, como no caso da escravidão atual –, ainda que o ato seja acrescido de artifícios complementares e das mentiras próprias da dupla linguagem tão característica da sociedade brasileira.

No Brasil, os que têm poder e dinheiro falam uma língua portuguesa e os que só têm a obediência e a força de trabalho falam outra língua portuguesa. Na verdade, uma língua brasileira ou uma língua portuguesa reengendrada na experiência história e social da violência e das violações da escravidão do período colonial. O escravizado de hoje fala uma língua escravista oriunda do passado, impregnada de supressões de palavras, mutilada, de frases com sujeitos e verbos redutivos, sem complemento, para não se confundir com a língua e a lin-

---

47 Chayanov interpreta no escravo a função de renda capitalizada com base na teoria da renda da terra, de Marx, no sentido de que "o preço da terra não é senão a renda capitalizada e, portanto, antecipada". Cf. Marx, *El capital: crítica de la economía política*, t.III, p.748; Chayanov, *Chayanov y la teoria de la economía campesina*, p.64-5; cf., também, a referência de Marx à peonagem e à função escravizadora da dívida: Marx, *El capital: crítica de la economía política*, t.I, p.122.

48 Cf. Nóbrega, *Obra completa*, p.337-62.

Capitalismo e escravidão na sociedade pós-escravista

guagem do senhor de escravos. Base e referência de uma consciência sem palavras para dizer o oposto do que é a escravidão, para a insurgência de sua negação, para a luta pela liberdade.

Há entre elas uma distância histórica e antropológica, são linguagens de tempos históricos diferentes com significações diferentes. Proteção e sujeição têm aqui, na boca de quem manda e na de quem obedece, só aparentemente, o mesmo sentido com consequências sociais opostas. Essa é a base social da dominação política na sociedade brasileira, do duplo que somos, do capitalismo inacabado da arquitetura social de nossa fome e de nossas riquezas escandalosas, cuja contradição se expressa na abundância de comida nas latas de lixo. A comida que falta no prato de muitíssimos. Nos dias de hoje, de 33 milhões de pessoas.

Já o trabalho livre e assalariado só é possível graças a um autoengano presente na relação salarial. Quem compra a força de trabalho de um trabalhador pensa que o salário pago por ela é o justo preço de mercado do que foi comprado. Na verdade, uma empresa só compra a força de trabalho de um trabalhador porque ela vale mais do que por ela paga. O lucro, diferentemente do que se pensa, não nasce na circulação da mercadoria e no jogo da oferta e da procura do mercado. Ele nasce na produção, da parte invisível porque não remunerada do trabalho produtivo. Ou seja, a força de trabalho é a única mercadoria produtiva, que pode criar mais valor do que aquele que contém.[49] Na suposição de que o salário contém toda a riqueza que criou e lhe permite reproduzir seu corpo para o trabalho, sua família para sucedê-lo, pagar suas despesas com habitação, alimentação, educação, lazer,

---

49 Cf. Marx, *El capital: crítica de la economía política*, t.I.

cultura, o que for necessário para voltar de novo para a ocupação que o repete todos os dias como se fosse sempre o mesmo.

Mas o trabalhador também se engana. Ele não tem como julgar se o salário que recebe corresponde exatamente ou não ao que vale sua força de trabalho. Portanto, a valorização do capital depende do fenômeno sociológico desse jogo de enganos. É a chamada alienação, o trabalhador estranho em relação a si mesmo, que entra no processo de valorização do capital como se estivesse entrando apenas no processo de trabalho de que aquele depende.[50]

Quando o trabalhador é *renda capitalizada*, isto é, escravo, propriedade de outro e não personificação de salário, isso não é possível. Nessa condição, ele não tem como autoenganar-se para conformar-se com o cativeiro e legitimá-lo. Na sua relação de trabalho não existem os componentes imaginários e sociais da falsa consciência própria do trabalho livre.

Ele é objeto e coisa, que só se vê como escravo porque desvinculado de si mesmo, na perspectiva do que foi na situação anterior ao aliciamento. Um *foi* que já não é senão nas referências da memória, que é tudo que lhe resta de seu eu quando escravizado. Na escravidão colonial e direta, essa memória do eu perdido era o banzo, na cultura de origem do escravizado, em que o eu era um eu coletivo, familístico, tribal e comunitário, religioso, memória dos ancestrais e dos orixás.[51]

---

50 Especificamente em relação ao trabalho alienado e à função da alienação no acobertamento e viabilização social da exploração do trabalho no regime salarial, cf. ibidem, p.3-129. Cf., também de Marx, *Manuscrits de 1844*, p.79-149.

51 Cf. Bastide, Sociologia do sonho, in: Roger Caillois e G. E. von Grunebaun (orgs.), *O sonho e as sociedades humanas*. Cf., também,

Capitalismo e escravidão na sociedade pós-escravista

Enquanto escravo de hoje, ele não é nem pode ser sujeito porque seu cativeiro não necessita de enganos de consciência para subjugá-lo, para justificar-se e legitimar-se. Os fatores do conformismo são coercitivos, externos, explicitamente violentos. Embora em outras situações de trabalho agrícola, como as que Lygia Sigaud estudou no Nordeste canavieiro, sutis detalhes da relação laboral cheguem à consciência do trabalhador como indícios de cativeiro e recebam esse nome.[52]

O retorno ao cativeiro subsiste como ameaça e possibilidade nas estruturas profundas da memória das populações originárias da escravidão direta, pardas e negras. Não é necessário que nenhum iluminado "de fora", em nome das vítimas de escravização, venha fazer militância desinformada por motivos de uma classe social que é outra. O defensor de direitos sociais da vítima precisa aprender, primeiro, o que é ser vítima de injustiça, para compreender-se como personificação do sujeito coletivo do direito à justiça, como protagonista da condição humana. Como lembra Marx, a propósito da atuação prático-crítica, que "as circunstâncias são modificadas precisamente pelos homens e que o próprio educador precisa ser educado".[53]

A *renda capitalizada* na pessoa do escravo é imobilização improdutiva de capital, coisa bem diversa do salário. E isso vale também para o escravo de hoje. É preço de compra de alguém

---

Martins, A epidemia de varíola em São Caetano, 1761-1762, revista *Raízes*, ano XXXII, n.61, Fundação Pró-Memória, S. Caetano do Sul, jul. 2020, passim.

52 Cf. Sigaud, *Os clandestinos e os direitos: estudo sobre os trabalhadores da cana-de-açúcar de Pernambuco*, p.205-21.

53 Cf. Marx, Teses sobre Feuerbach, in: Marx; Engels, *Obras escolhidas*, v.3, p.208.

reduzido a algo, que se traduzirá em renda, uma expectativa de rendimento, mas não pura transferência de valor para a coisa produzida. O trabalho do escravizado cumprirá a função que, na forma propriamente capitalista de produção, cumpre a função de capital variável, sem sê-lo de fato.

É claro que do trabalho do escravo também resulta valor, mediado, porém, pelo ser estranho à produção que é o traficante de mão de obra e, finalmente, o dono do escravo. Justamente porque o escravo cria valor, embora não seja pago pela força de trabalho empenhada nessa criação. A força de trabalho, nesses casos, é vendida junto com o corpo que trabalha e a consciência amansada e domesticada da sujeição do trabalhador: o trabalhador não pode recusar-se a trabalhar porque foi comprado. Está sujeito a castigo, à violência, a diferentes formas de coerção, a humilhações e até à morte. Já o assalariado pode demitir-se, denunciar o contrato de trabalho, isto é, descontratar-se unilateralmente, porque é livre. O escravo pode apenas fugir, porém sem libertar-se, porque sujeito a ser recapturado e castigado. Continuará a não ser senhor de si mesmo.

Diferentemente do trabalho assalariado, aí não entra nenhuma fantasia do trabalhador para legitimar a exploração nessa modalidade de uso da força de trabalho. A que se dá mediante sujeição do corpo e da consciência do trabalhador ao seu proprietário, mesmo que seja ele um dono temporário. Uma antecipação de ganho. E não entra nenhuma fantasia legitimadora do cativeiro porque, ao se tornar escravo, torna-se privado de seu corpo e de sua consciência e, portanto, de ter fantasias. Quem pode tê-las é seu dono. De fato, a expectativa do dono do que são seus direitos de proprietário em relação à pessoa que comprou reduz-se à fantasia de arrancar de seu

Capitalismo e escravidão na sociedade pós-escravista

trabalhador o máximo de resultados materiais do trabalho que ele é capaz de fazer.

A única fantasia que permeia a relação social escravista não é fantasiosa. É o medo à violência, como na escravidão colonial era o medo ao tronco e à chibata. Sociologicamente, a situação do escravo na escravidão atual é, em vários aspectos fundamentais, a mesma do escravo do cativeiro abolido em 1888. Ainda que sua forma seja outra e outra seja sua vulnerabilidade. Aliás, a chamada "escravidão contemporânea" tem uma história que começa ainda na vigência da escravidão histórica e, de vários modos, é um desdobramento dela. De forma e tempo diversos – nesse sentido, os da ineficácia temporária do acobertamento da desigualdade social resultante do trabalho pelo imaginário da igualdade jurídica.

O trabalho escravo no Brasil atual não foi *reinventado* pelo capitalismo contemporâneo nem é resquício da escravidão abolida em 1888. Para compreender o complexo processo de *reprodução* da escravidão, sob diferentes formas sociais, não se podem ignorar as determinações capitalistas do trabalho servil tanto agora como antes – transformadas, porém, suas mediações.

Essa continuidade disfarçada tem a ver com o fato de que, no mundo inteiro, o desenvolvimento do capitalismo se deu e tem se dado não por meio de uma revolução capitalista, a chamada revolução burguesa, mas por meio de uma contrarrevolução anticapitalista motivada por uma conciliação entre o capital e formas pré-modernas de exploração do trabalho e de posse da terra.

Assinalou Marx que inovações, como a expansão ferroviária, em nações em que o "capitalismo abarcava apenas uma reduzida camada superior da sociedade, criaram e ampliaram repentinamente sua superestrutura capitalista em uma medida inteiramente desproporcional ao conjunto da organização social, que realizava o trabalho produtivo segundo os métodos tradicionais".[54]

Embora a diferença entre a escravidão atual e a escravidão direta e permanente de nossa economia colonial esteja principalmente em seu caráter temporário, os diferentes levantamentos, de diferentes autores, que têm sido feitos no Brasil indicam que não é incomum a venda do escravo a outro dono, outro traficante, ou o dono da pensão que o aloja e que o revende a outro empreiteiro.[55] Ou seja, embora seja empregada no cativeiro temporário de formação de fazendas, sua atividade historicamente mais representativa gera uma dinâmica comercial de persistência através da mudança de endereço e da mudança de dono do estabelecimento em que o trabalho escravo é empregado.

É muito significativo que a tese do escravo como *renda capitalizada* tenha sido proposta por Marx no corpo de seu estudo sobre a renda da terra como renda capitalizada, no tomo III de *O capital*, e não no tomo I, dedicado propriamente ao capital como produto do trabalho. Era um momento histórico de expansão da economia capitalista em que a realidade do trabalha-

---

54 Cf. Carta de Marx a Danielson, Londres, 10 de abril de 1879, Marx; Danielson; Engels, *Correspondencia, 1868-1895* (Compilación de José Aricó), p.126.

55 Cf. Esterci, *Escravos da desigualdade: estudo sobre o uso repressivo da força de trabalho hoje*, p.22-33; Esterci, *Conflito no Araguaia: peões e posseiros contra a grande empresa*, p.146; Martins, *Fronteira: A degradação do Outro nos confins do humano*; Figueira; Prado; Palmeira, *A escravidão na Amazônia: quatro décadas de depoimentos de fugitivos e libertos*, p.70.

Capitalismo e escravidão na sociedade pós-escravista

dor rural, por essa expansão alcançada, era o de uma unidade natural entre terra e trabalho. O trabalhador não estava separado da natureza, da qual ainda estavam em processo de separação o trabalho e o objeto de trabalho. As condições sociais e históricas estavam apenas começando a promover a separação entre o trabalhador e sua força de trabalho. Marx esclarece:

> O preço da terra não é senão a renda capitalizada e, portanto, antecipada. [...] Tomemos, por exemplo, o regime da escravidão. O preço que se paga pelo escravo não é senão a mais-valia ou lucro antecipado ou capitalizado que se pensa dele arrancar. Mas o capital que se paga para comprar o escravo não faz parte do capital com o qual se extrai dele, do escravo, o lucro, o trabalho sobrante. Pelo contrário, é um capital de que se separou o possuidor do escravo, uma dedução do capital de que pode dispor para a produção real e efetiva.[56]

Na escravidão atual, o preço da alimentação, do alojamento, da medicação e ao que mais for necessário no cotidiano da sobrevivência é pago pelo próprio trabalhador. Não está contido no preço pago pelo comprador, pelo fazendeiro, para ser proprietário do corpo do trabalhador. Ser proprietário é para monopolizar sua força de trabalho. Esse corpo poderá ser vendido e não raramente o é a outro proprietário ou outro traficante.

Por outro lado, a degradação econômica da "escravidão contemporânea" acarreta degradações sociais com ela conexas, que

---

56 Cf. Marx, *El capital: crítica de la economía política*, t.III, p.748-9. Chayanov segue no mesmo rumo de Marx. Cf. *Chayanov y la teoría de la economía campesina*, p.63.

vão desde a humilhação cotidiana e necessária para assegurar a sujeição do trabalhador pela violência moral e física. Em alguns casos, à equiparação aos animais, quando o alojamento se dá em chiqueiros e currais como, no limite, tem acontecido.[57] A fragilização moral e social do eu do trabalhador o serviliza numa sociabilidade dessocializadora e desumanizadora, um saque de identidade para facilitar sua sujeição numa relação de propriedade.

São raros os narradores de situações de escravidão atual que demonstram dar-se conta da extensa teia de determinações que dão ao trabalho, nessas condições, o contorno próprio da escravidão, na condição de tratamento do trabalhador como animal de trabalho. Muitas vezes o caráter escravo do trabalho é admitido com relutância pelos próprios autores, com classificações como "semiescravidão" ou "trabalho análogo a trabalho escravo", expressões da superficialidade e impropriedade das análises.

Aos pesquisadores não é difícil intuir que não apenas homens adultos são personagens da escravidão por dívida. Os mais atentos fizeram registros da relação entre a peonagem e a prostituição, não raro de menores. Nas entrevistas que realizei com crianças de escolas rurais no Mato Grosso e no Maranhão, uma das meninas, de São Pedro de Água Branca, referiu-se à irmã como meretriz, como um natural atributo profissional. Em entrevista que fiz com uma prostituta de um povoado do

---

57 Cf. Esterci, *Escravos da desigualdade: um estudo sobre o uso repressivo da força de trabalho hoje*, p.44-5, p.51; Figueira; Prado; Palmeira, *A escravidão na Amazônia: quatro décadas de depoimentos de fugitivos e libertos*, p.311 e 313.

Capitalismo e escravidão na sociedade pós-escravista

Mato Grosso, Porto Alegre do Norte, ela me explicou que "a puta e o peão são da mesma classe social".

Ou seja, a escravidão por dívida articula um sistema de relações sociais que não se restringem ao trabalho braçal propriamente dito, de formação e manutenção de uma fazenda. Mas se estende a uma concepção mais ampla de corpo, o de quem trabalha e os que completam esse corpo, como a prostituta que o sacia e nisso se esvazia como pessoa. É comum que o próprio traficante de mão de obra, o "gato", leve os peões aos prostíbulos para por esse meio incrementar a dívida dos trabalhadores e estender a duração do período de sua sujeição.

Num de seus textos, Marx faz um rol de inesperados coadjuvantes do processo de criação do valor, como essas prostitutas, o que se entende porque para ele o trabalho no capitalismo é trabalho social e o trabalhador é um trabalhador coletivo dotado das diferenças sociais e identitárias em que se diversifica sem se segmentar.

No mais das vezes, ao redor do escravo e por sua mediação forma-se uma sociedade transitória, parcialmente dispersa e, de certo modo, itinerante, em que a escravidão é um momento, até mesmo um momento que vai e que vem, de acordo com os ciclos de emprego residual da produção dominante. Essa certamente é a característica decisiva do mundo social criado por essa modalidade de sociedade de gente sem destino.

Diferentemente dos trabalhadores característicos da sociedade capitalista, os peões escravizados não se criam socialmente como sujeitos da sociedade que resulta de seu cativeiro. Nesse sentido, são trabalhadores cujo grupo social de referência e de origem, que é o da família, da comunidade vicinal, da agricultura familiar, não corresponde ao da atividade laboral em cativeiro.[58] Essa origem e esse pertencimento é que devem ser considerados na análise sociológica da escravidão por dívida porque são as mediações que dão sentido ao tamanho da perda que para a vítima representa o cativeiro. São as mediações que definem a linguagem de compreensão do que ocorreu, de definição não ideológica, mas antropológica, do que é ser peão.

É significativo que esses trabalhadores sejam designados por uma palavra arcaica e pré-moderna, "peões", que designava, no período colonial, os homens (e mulheres) servis e ínfimos, não necessariamente escravos, mesmo brancos, os condenados a andar sobre os próprios pés, os que não tinham quem os carregasse, estigma de inferioridade estamental. Andavam descalços para se distinguirem dos cavaleiros, calçados, carregados por outros homens ou por animais de montaria, a gente de qualidade, de origem nobre.

Até o século XVIII, uma certa elaboração da distinção social entre nobres e peões expressava o que era de fato uma diferenciação estamental.[59] Isto é, as diferenças sociais de nascimento dos puros de sangue, de fé e de origem. Diferentemente do que muitos supõem, equivocadamente, essa distinção tinha desdobramentos e regras muito elaborados na vida cotidiana, o que indica que havia uma consciência estamental clara a respeito das diferenças sociais entre as gentes.

---

58 Cf. Esterci, *Escravos da desigualdade: um estudo sobre o uso repressivo da força de trabalho hoje*, p.126.

59 Cf. Regimento das Missoens do Estado do Maranham, & Pará (1 de dezembro de 1686), in: Beozzo, *Leis e regimentos das missões: política indigenista no Brasil*, p.115.

Capitalismo e escravidão na sociedade pós-escravista

Como nos casos dos que batiam à porta do Mosteiro de São Bento, em São Paulo, logo de manhã, para pedir esmola. Se "limpos", isto é, nobres pobres porque pediam esmola, recebiam do padre gastador, como era designado o monge mordomo, de 12 a 36 vezes o valor da esmola de um mero pobre.[60] Na anotação de um dos documentos da época, leio: "esmola para um moço limpo vindo de Portugal". Alguém da nobreza decadente. Na definição do valor da esmola, o monge gastador considerava necessidades de sobrevivência e de apresentação pessoal completamente diferentes entre nobres pobres e pobres sem qualificação, isto é, peões, os que andavam a pé e descalços.

O pobre sem qualidade era considerado uma pessoa sem carecimentos, a não ser os residuais da sobrevivência. Essa medida da condição social, que acompanha a palavra peão e aquele a quem é aplicada, é ainda viva nos casos da escravidão atual. O peão da escravidão por dívida ainda carrega o estigma da insignificância social dos índios capturados no sertão, reduzidos à condição de índios administrados e, após a emancipação dos índios em 1755, meros agregados, os pardos, de seus antigos senhores. Ou os pobres.

A persistência da designação não é, portanto, apenas a de um nome nem a de uma relação social, mas de uma inferiori-

---

60 Cf. Martins, A primeira esmola da história de S. Caetano, 1760, revista *Raízes*, ano XXX, n.57, Fundação Pró-Memória, São Caetano do Sul (SP), jul. 2018, p.99-102; e também A ilustração beneditina na São Paulo do século XVIII (As antecipações socialmente inovadoras nas Fazendas de S. Caetano e de S. Bernardo ainda nos tempos da escravidão), *Ora Labora et Studia – Revista da Biblioteca do Mosteiro de São Bento*, v.1, n.1, São Paulo, 2018, p.11-41.

dade social qualitativa, não quantitativa, completamente diversa da decorrente da remuneração salarial inferior à necessária ou da contrapartida insuficiente do trabalho na sociedade de classes. Nesta, aliás, dificilmente se define como pobre quem realmente é pobre. Na sociedade do trabalho livre e salarial a adversidade é o desemprego, e portanto a pobreza não é um estado, não é uma condição estamental. É, supostamente, a de um momento transitório demarcado pela busca de emprego.

O trabalhador, na concepção estamental – ainda que residual – de um passado que resiste, em que não tinha direitos, herdou mais do que a designação que já o inferiorizava, carregou consigo a própria inferiorização social. O que sugere que é como se no Brasil, nas relações de trabalho, o estigma legitimasse, no senso comum, a privação de direitos, como os relativos à regulação contratual e igualitária do trabalho. O nome da ocupação é, na verdade, designação aplicada a propósito para estigmatizar, não só sua pessoa, mas seu próprio trabalho e, portanto, inferiorizá-lo e desvalorizá-lo como irrelevante, como personagem da massa dos que sobram em relação aos que são necessários na produção.

Esse trabalhador é considerado alguém sem qualidade, socialmente inferior, que não tem direitos, tanto do ponto de vista de quem o explora quanto do ponto de vista dele mesmo. "Peão", porque é sujeito de qualidade social distinta dos demais. Seu vínculo com a sociedade se dá por meio do trabalho que em sua própria concepção, nos indícios de como age, não lhe dão o direito de ter direitos. É uma questão muito mais complicada do que o entendimento que do assunto têm os autores inspirados numa sociologia redutiva e vulgarizante.

Capitalismo e escravidão na sociedade pós-escravista

Portanto, mesmo que intuindo o risco do revigoramento do cativeiro, como indiquei, sua consciência não é expressão apenas da situação social em que se encontra, mas também e poderosamente das mutilações sociais inscritas em sua consciência social profunda e em sua história.

Na perspectiva de um conhecimento militante, "escravidão" pode ser considerada definição provisória para começar a situar o problema social como problema da ciência. Não cabe, porém, ao pesquisador limitar-se ao que é uma rotulação. Há uma enorme distância entre a superficialidade do rótulo e as complexas determinações sociais do que rotula.

Ela é quase sempre classificação impressionista daquilo que, de algum modo, viola leis do Estado, mas viola também valores e sentimentos da sociedade. A interpretação científica, que é outra e oposta, se baseia no pressuposto da historicidade da relação social de uma realidade que contém a possibilidade da superação e da transformação social. Isso é muito pouco provável na escravidão aqui referida. Mas é, justamente, o que a diferencia em relação à escravidão histórica, direta, pré-abolicionista. Os que conseguiram dela escapar por meio das brechas que nela havia, como assinalou Ciro Cardoso, tiveram alguma possibilidade de atravessar fronteiras e vencer barreiras.[61] Mas, como constatou Octavio Ianni, em *As metamorfoses do escravo*,[62] a abolição separou o cativo da cor do cativeiro, libertou o corpo do escravo, mas não libertou seu corpo da cor da escravidão. O que

---

61 Cf. Ciro Flamarion Cardoso, *Agricultura, escravidão e capitalismo*; e *Escravo ao camponês: o proto-campesinato negro nas Américas*.

62 Cf. Ianni, *As metamorfoses do escravo: apogeu e crise da escravatura no Brasil meridional*.

impôs ao negro enfrentar a mobilidade social como questão racial e não como questão social, que o era e é para os trabalhadores brancos.

Ao mesmo tempo, o caráter socialmente problemático da "escravidão contemporânea" mobiliza inquietações e forças sociais que, independentemente do militante e da ideologia da militância mobilizados, só podem ser eficazes como práxis, como já assinalei, e não como mera militância, isto é, como ação que transforma socialmente para manter ou para mudar a realidade. Isso depende dos nexos e determinações que a situam na totalidade e lhe define o possível e o impossível, que são sociais e não pessoais.

A práxis, e é disso que se trata, é a negação da inércia e da reiteração, ainda que a reproduzir a sociedade que se transforma, razão pela qual a sociedade muda mesmo quando "não quer mudar" nem parece mudar.[63] A práxis não depende só de "boa vontade", de "intenção", de "vontade política" para mudar a sociedade. Depende de condições sociais e históricas, de circunstâncias, cujas contradições se resolvem em outro nível de contradição decorrente de superação, mesmo no que subsiste de reiteração subjugada pela transformação. A sociedade muda nem sempre parecendo mudar. É a análise sociológica fundamentada que pode revelar e explicar que mudança ocorreu ou está ocorrendo para que seja inteligível.

É uma questão teoricamente complicada, sem cuja compreensão é impossível definir um assunto, como este, como problema sociológico de investigação e de explicação, isto é,

---

63 Cf. Lefebvre, *Sociologia de Marx*, p.17-41.

Capitalismo e escravidão na sociedade pós-escravista

como problema científico.[64] Muitas das limitações das narrativas sobre a questão da "escravidão contemporânea", no Brasil, decorrem da desconsideração, provavelmente do desconhecimento, desse requisito do trabalho científico.

Neste livro, minha proposta sociológica e teórica é também a do posicionamento na linha da sociologia crítica que supere o senso comum pobre e anticientífico de muitas dessas análises.

Para isso é necessário retornar, em perspectiva própria, aos fundamentos da explicação sociológica de realidades histórico--concretas, as que contêm questões cuja solução e cuja superação implicam mudar a sociedade, reformá-la ou transformá-la a partir das possibilidades que suas contradições propõem. Isto é, questões decorrentes de contradições que não se resolvem no reprodutivo, no repetitivo, no reiterativo, a que alude Lefebvre.

A militância não pressupõe necessariamente a práxis. Tende a conformar-se com as ilusões do voluntarismo. A consciência do militante tende a ser marcada por insuficiências e erros, os de sua compreensão daquilo que faz, o que é próprio de uma sociedade inevitavelmente constituída sobre a mediação da alienação social. Um alienado não pode desalienar ninguém numa sociedade tolhida pelas limitações da situação social. Não é a militância, pois, imune a exprimir falsa consciência da realidade, ainda que dominada por uma ideologia superficial de rupturas e inovações.

Isso é algo que não depende da ingênua suposição voluntarista do militante nem mesmo quando é ele profissionalmente um cientista. Nesse sentido, é inevitável retornar a um dos mais

---

64 Sobre a distinção entre tema e problema, cf. Florestan Fernandes, *Fundamentos empíricos da explicação sociológica*, p.xiii-xix.

pertinentes textos de Karl Marx sobre o que é o fazer história: "Os homens fazem sua própria história, mas não a fazem como querem; não a fazem sob circunstâncias de sua escolha e sim sob aquelas com que se defrontam diretamente, legadas e transmitidas pelo passado. A tradição de todas as gerações mortas oprime como um pesadelo o cérebro dos vivos".[65]

É nesse mesmo texto que Marx expõe a interpretação sociológica que se tornará a base de seu ceticismo crônico e suas dúvidas quanto ao protagonismo histórico e político dos camponeses. No seu entender, decorrente de um modo de vida em que são uma classe social, sem sê-la, porque são entre si isolados, sem condições de atuar como classe porque destituídos da comunidade e da sociabilidade de classe[66] – a não ser no imediatismo da referência social de origem, as lembranças sobrepondo-se à memória. Ainda assim significativo, mas insuficiente em face de mediações políticas que não reconhecem a identidade e as contradições de identidade das populações camponesas e na mediação do processo de reprodução do capital.

Diferentes autores, em princípio, convergem para a tese de que o protagonismo histórico do campesinato depende da mediação política de outra classe social.[67] No caso brasileiro,

---

65 Cf. Marx, O 18 brumário de Luís Bonaparte, op. cit., p.203. Cf., também, Marx, Teses sobre Feuerbach, in: Marx; Engels, *Obras escolhidas*, v.3, p.208-9: "as circunstâncias são modificadas precisamente pelos homens e que o próprio educador precisa ser educado. [...] A coincidência da modificação das circunstâncias e da atividade humana só pode ser apreendida como *prática transformadora*".

66 Cf. Marx, O 18 brumário, op. cit., p.277.

67 Cf. Gramsci, Appunti sulla storia delle classi subalterni, in: *Il Risorgimento*, p 243; Hobsbawm, Class consciousness in history, in:

Capitalismo e escravidão na sociedade pós-escravista

essa função tem sido desempenhada, em linhas opostas, pelo empresariado do agronegócio e pelo MST. O primeiro atrai e aglutina os dedicados à pequena e média agricultura, que representam aquele setor do campesinato de origem, mais identificado com a propriedade da terra e a aspiração de ascensão social pela condição de proprietário. Aquele para o qual a terra vem antes do trabalho, embora estejam necessariamente associados. E, secundariamente, de empresário agrícola. Isso tem se traduzido numa orientação política de direita.

O MST é o símbolo da outra alternativa, a da agricultura familiar, a da terra de trabalho, para a qual o trabalho vem antes da terra, embora necessariamente associados. O que tem se traduzido numa orientação política de esquerda porque voltado para o primado dos direitos sociais em relação ao primado do lucro, embora estes possam estar associados. São polarizações meramente analíticas, para explicar diferenças de visão de mundo e também fragilidades políticas de curto prazo, mas não necessariamente de médio prazo dos que vivem do trabalho e da legitimidade do direito à terra de trabalho.

As necessidades sociais, que motivam ações para serem saciadas, isto é, resolvidas, superadas, manifestam-se em situações de contradições, processos sociais, desencontrados e "opostos", que definem a historicidade social, as mudanças e transformações sociais, as revoluções transformadoras

---

István Mészaros (ed.), *Aspects of History and Class Conciousness*; Martins, Dilemas das classes subalternas na idade da razão, *Caminhada no chão da noite: emancipação política e libertação nos movimentos sociais do campo*, p.97-137.

possíveis. Elas movem os opostos, traduzem-se em dilemas e desafios, que mobilizam a todos e a cada um, são mediadoras da consciência social do verdadeiro e do falso, inovadoras e repetitivas, como explica Lefebvre. O querer social se constitui por essas mediações.

Não se trata, obviamente, de ceticismo no sentido corrente da palavra, mas do fato, no meu modo de ver, da dificuldade de Marx e dos que o seguiram, na mesma linha, de desenvolver uma compreensão do que era e, eventualmente, poderia ser o protagonismo do campesinato à luz do que era próprio da classe operária mas não dele. No fundo, porque a criatividade social e política do campesinato é, provavelmente, diversa da criatividade propriamente de classe social, que é a da classe operária.

O mundo camponês é um mundo comunitário e não societário, em que os mecanismos de consciência social estão referidos à utopia da permanência e da resistência à mudança. Sua história política é a história da vitimação socialmente destrutiva de seu mundo com o advento de novas formações sociais características da modernidade, o capitalismo e o comunismo. E mesmo antes, novas situações e formações colocaram o campesinato ante o dilema do perecimento ou da resistência.

O sólido estudo histórico-sociológico de Henri Lefebvre sobre sua própria comunidade de origem, que cobre cerca de mil anos de história social, mostra que essa longa história é uma história de resistência a invasões e realidades destrutivas e transformadoras.[68] Uma intocável identidade de fundo persiste ao longo das gerações, não como inércia, mas como ativa

---

68 Cf. Lefebvre, *La Vallée de Campan*.

Capitalismo e escravidão na sociedade pós-escravista

resistência em defesa de um modo de vida e de uma visão de mundo intocável.

Isso sugere, de certo modo, a relevância do clássico estudo de Ferdinand Tönnies sobre comunidade e sociedade e o que se pode chamar de força sociológica do comunitário em face do societário.[69]

É nesse quadro de referência e de dilemas que se propõe a questão da escravidão numa sociedade como a brasileira, tanto a escravidão do escravismo oficial encerrado com a Lei Áurea, em 1888, quanto a escravidão atual e pós-escravista, que é outra e não é necessariamente continuidade daquela, embora seja dela desdobramento no capitalismo dela herdado e por ela deformado e limitado.

A superação das contradições de um momento da história não só gera novas contradições constitutivas da sociedade como agudiza as contradições existentes à medida que estas chegam ao limite da sua reprodutibilidade. São as contradições que se resolvem com a transformação social, a inovação, a revolução no modo social de ser.

Para compreendê-las sociologicamente, é preciso distinguir nas contradições a possibilidade de sua superação na realização de uma sociedade nova, isto é, transformada. E contradições que só se resolvem, de outro modo, na expansão e aperfeiçoamento da sociedade dominante, a capitalista, as que se resol-

---

69 Cf. Tönnies, *Comunidad y Sociedad*, passim; Martins, *Uma sociologia da vida cotidiana*, p.47-57. Sobre a sociologia como expressão da tradição comunitária, cf. Nisbet, *La formación del pensamiento sociológico*. Sobre a tradição e o comunitário como fundamento de uma visão de mundo de resistência social, cf. Nisbet, *Tradition and Revolt*, especialmente capítulo 4.

vem com a reiteração do que a sociedade é, ainda que com as mudanças necessárias e não visíveis ao reprodutivo em face dos desafios da mediação do que se transforma.

Na verdade, não se trata *disto ou daquilo*, mas *disto e daquilo*, a totalidade tensa que desafia a práxis social e a consciência social a mover a sociedade no sentido de reproduzir-se e reiterar-se ou no sentido de se transformar. No mais das vezes, em ambos os sentidos ao mesmo tempo para alterar e repropor as contradições sociais.

A sociedade pós-moderna atenuou essas possibilidades ao viabilizar o que Henri Lefebvre, o autor que melhor compreendeu e explicou sociologicamente a relação entre necessidade social e práxis, definiu como práxis mimética. Ou seja, a práxis da transformação fingida, da sociedade que muda na aparência, sem mudar, que se moderniza. É também o terreno da manipulação de impressões, da sociedade manipulável, um traço característico da pós-modernidade.[70]

No todo, as realidades não se separam, não são blocos organizacionais com dinâmicas próprias. Sociologicamente, as rupturas se dão sob a impressão do aparente e do contínuo. A descontinuidade é descoberta lenta e demorada. Não são modos de produção que se propõem aos saltos, historicamente definidos e desencontrados, uns em relação aos outros, como se supôs durante largo tempo. Imputou-se a Marx o que não era de Marx. É preciso libertar o tema da escravidão atual desses pressupostos e retornar à historicidade do processo social de que ela é expressão e fator ao mesmo tempo.

---

70 Cf. Goffman, *La presentación de la persona en la vida cotidiana*, p.227-53.

Capitalismo e escravidão na sociedade pós-escravista

Em diferentes momentos de sua obra, Marx se refere a modo de produção capitalista, enquanto processo de valorização do capital, isto é, de sua reprodução ampliada. Porém, como sinônimo de processo de trabalho. Fiz, em um de meus trabalhos, com base em fotografias, de uma da colheita de café por escravos negros numa fazenda da Província do Rio de Janeiro, no século XIX, uma comparação com outra da colheita de café por colonos brancos e livres, trabalhando no regime de colonato, numa fazenda do Oeste de São Paulo, nas primeiras décadas do século XX. Não havia mudança aparente no processo de trabalho. A não ser no indício visual de que na escravidão a colheita era mais artesanal e, provavelmente, pelo que se vê, mais lenta, porque mais trabalhosa, mais detalhada. No colonato era mais rápida, e abrutalhada, pela derriça, pela remuneração por quantidade de café colhida.

Portanto, na concepção marxiana, no colonato o processo de trabalho era o mesmo e, nele oculto, um modo de produzir o lucro despojado do peso econômico da renda capitalizada, isto é, do capital imobilizado na mercadoria escravo. Porém, numa relação laboral em que o trato do cafezal era pagamento de renda em trabalho ao fazendeiro, portanto, uma relação não capitalista. Em dinheiro, como pagamento de salário, apenas a colheita.

Parte significativa daquilo que na composição orgânica do capital cumpria agora, com o trabalho livre, a função de capital variável, a forma social não capitalista de pagamento de renda da terra em trabalho por um inquilino da terra em vez de remuneração salarial do seu trabalho. O trabalho livre, com o fim formal da escravidão, em 1888, e já antes nos ensaios de seu advento, foi implantado através de formas transicionais e pré-capitalistas de trabalho pela mediação da reprodução capitalista do capital. Variante de como era na escravidão direta.[71]

A escravidão brasileira do período escravista terminou formalmente quando o preço do escravo e, por meio dele, o custo da escravidão tornaram-se economicamente irracionais. Também porque os rendimentos da renda capitalizada no escravo declinavam com a queda de preços como o do café. Mas o preço do escravo subiu enquanto não houve em escala suficiente oferta de força de trabalho pela imigração. Como observou Ianni, em relação à economia do mate, só com a disponibilidade de trabalho livre o caráter comparativamente oneroso do trabalho escravo tornou inevitável a desagregação da economia escravista.[72]

Um fator da durabilidade da escravidão no Brasil, antes da imigração, foi o trabalho livre dos antigos escravos originários da escravidão indígena, aos quais se atribuíram as atividades de circunstância da produção, deixando-se, cada vez mais, para o escravo negro o trabalho diretamente produtivo nas atividades essenciais dos produtos de exportação. Sem contar, é claro, o tráfico interprovincial de escravos negros do Nordeste para o Sudeste, da agricultura canavieira para a cafeicultura.

A chamada "escravidão contemporânea" não é uma escravidão de superação social da sociabilidade do cativeiro. As contradições que nela se expressam não a movem em direção a uma realidade social nova e transformada. Ela se resolve naquilo que

---

71 Cf. Martins, *O cativeiro da terra*.

72 Cf. Ianni, *As metamorfoses do escravo: apogeu e crise da escravatura no Brasil meridional*, p.105.

Capitalismo e escravidão na sociedade pós-escravista

não é escravismo direto, que não deixa, porém, de ser forma não capitalista de trabalho. Mas que contém, também, como na escravidão direta, antes da Lei Áurea, em pequena escala, apenas brechas de eventual escape.

A compreensão da questão da escravidão na perspectiva de conter ela alguma possibilidade de superação histórica está no centro do debate que ficou à margem dos estudos sobre o capitalismo. A consulta de Vera Zasúlich a Marx, os esboços de respostas e a falta definitiva de resposta indica que esse era o ponto difícil para o próprio Marx, a dificuldade para situá-lo em sua teoria do capitalismo.[73]

Zasúlich perguntara a Marx se uma sociedade (camponesa) poderia passar a uma sociedade socialista sem passar pelo desenvolvimento industrial. Nos esboços de resposta, este achava que sim. Nesse sentido, subscrevia implicitamente o pressuposto dos populistas russos (narodnik), que expressavam politicamente a identidade camponesa, contra os bolcheviques, isto é, os comunistas. Ao não enviar a resposta, porém, subscrevia a interpretação dos bolcheviques. Aparentemente uma disputa interna na esquerda acabaria bloqueando a questão do lugar dos populistas no processo histórico. Os camponeses que são classe social com idade histórica própria pretérita sem sê-la, apenas como saco de batatas que ficam de pé porque juntas, como disse Marx em *O 18 brumário de Luís Bonaparte*, não carregariam, na sua situação, por isso, a possibilidade da superação histórica de sua condição.

---

73 Cf. El porvenir de la comuna rusa, in: Marx; Engels, *Escritos sobre Rusia – II: el porvenir de la comuna rusa*, p.29-65.

Franco Venturi, em seu decisivo estudo sobre *Il populismo russo*, aponta a realidade da diversidade e da totalidade outra contida nas revelações do campesinato. E Chayanov, por sua vez, indica uma percepção objetiva da unidade de atrasado e desenvolvido.

A contradição que definia a possibilidade histórica contida na situação dos camponeses não era binária, de duas classes, mas trinária, de temporalidades e não de atemporalidades. A oposição trabalho e capital não quer dizer operário e capitalista, mas trabalho, em suas diferentes formas, e capital. As diferentes formas de extração da mais-valia só têm sentido, como tal, no resultado do processo do capital como mercadoria, naquilo em que a mais-valia se realiza, na comercialização da coisa produzida. Isso soma os valores criados de diferentes formas econômicas na forma mediadora final que é a da realização capitalista da mais-valia. Não importa sob qual forma social essa mais-valia foi sendo extraída, com mais brutalidade, como a da escravidão, ou com a racionalidade do trabalho assalariado.

As lutas camponesas são aqui lutas de resistência à subsunção da terra e do trabalho pelo capital. Incidem sobre as duas forças econômicas, o capital e o latifúndio, aqui unificados numa forma economicamente peculiar e socialmente excludente de reprodução ampliada do capital. A do mero e voraz crescimento econômico com persistentes e retrógradas técnicas de acumulação primitiva e consequente desenraizamento e descarte social das populações originárias.

No Brasil, em que o capital se tornou latifundista, capital rentista, o confronto de classes é diferente do reconhecido e estudado por Marx, que separou analiticamente o que é capi-

Capitalismo e escravidão na sociedade pós-escravista

tal, fruto ampliável do trabalho, e o que é renda capitalizada, expressão imobilizante e redutiva da reprodução ampliada do capital pela renda da terra, terra que é natural e finita, não ampliável, porque não é produto do trabalho. A renda da terra, sem regulamentação de acesso justo e uso social, no capitalismo é contradição e irracionalidade, cujo monopólio, porém, cria lucro extraordinário para o capital, bloqueios antissociais ao seu desenvolvimento e injusta e anticapitalista pobreza.

Capítulo II
O sujeito sociológico da escravidão

É nesse cenário de contradições e temporalidades desencontradas que se põe o problema da superação econômica, social e política das relações arcaicas de trabalho ainda persistentes nas várias sociedades com funções à margem do processo do capital e, não obstante, como mediação necessária do capitalismo. Era no fundo a questão de Vera Zasúlich apresentada a Marx: se sociedades como a Rússia, uma sociedade de camponeses, poderia superar-se em direção ao socialismo sem passar antes pela etapa da grande indústria, sem se desenvolver. E suas questões correlatas, como a da escravidão, pela temporalidade socialmente retrógrada de suas determinações. Mais complicada, ainda, a questão poderia ser se uma transição social superadora do capitalismo bloqueado por suas irracionalidades constitutivas, que é o nosso, é possível. Ou se a superação formal e meramente cíclica do cativeiro está condenada a ser apenas um estado permanente de retorno igualmente cíclico dos trabalhadores marginalizados ao desemprego cada vez mais prolongado. O da inclusão social perversa de multidões de um exército industrial de reserva sem presente nem futuro.

Reduzidas à dependência da esmola oficial dos programas sociais do Estado, excluídas da condição de cidadãos e membros da sociedade que os minimiza e recusa.

Aqui, de modo formalmente diverso e também residual, a questão da escravidão se propõe como contrapartida perversa da resistência à dissolução do mundo camponês, como opção temporária e sazonal de ajustamento da família de origem do trabalhador aos limitados recursos de sobrevivência sem renúncia à condição camponesa. A sobre-exploração dos que são aliciados e engajados na peonagem, que se sujeitam para assegurar a sobrevivência camponesa da família e, portanto, seu mundo e sua visão de mundo. Essa é a referência explicativa para compreender a escravidão atual no marco da diversidade dos conflitos que caracterizam, entre nós, a expansão do capitalismo e não necessariamente o seu desenvolvimento. Uma expansão suicida.

Nem sempre os estudos sobre o tema têm levado em conta a categoria social de origem e de referência do escravizado de hoje. No entanto, é ela que dá sentido às reações e aos sentimentos que o motivam nas atitudes que toma, não raro até mesmo na sociabilidade temporária da fuga, uma sociabilidade familística e comunitária, até mesmo vicinal do grupo de origem.

Essa complexidade social e sociológica da escravidão atual impõe ao pesquisador não um tema, um assunto, mas as referências da formulação do problema científico da investigação. A questão da chamada "escravidão contemporânea" só é questão, sociologicamente, isto é, como indagação científica, enquanto referida à sua aparente anomalia social numa sociedade, histórica e estruturalmente, que é a sociedade capitalista.

Capitalismo e escravidão na sociedade pós-escravista

A sociedade de classes, que não é de castas nem de estamentos, baseia-se no trabalho livre, na igualdade jurídica dos cidadãos e no imaginário da liberdade. Como é possível que em pleno capitalismo haja escravidão, nele encravada, que o nega?

Essa anomalia pode ser tratada, investigativa e metodologicamente, na definição do método de Henri Lefebvre, como analisadora-reveladora, documental, evidência de contradições constitutivas do anômalo e da reprodução ampliada do capital que sob ele se esconde.[1] Essa questão principal, como questão, não tem aparecido nos estudos que ao tema são dedicados: a relação entre capitalismo e escravidão numa sociedade pós-escravista como a brasileira e outras mais. Nesse sentido, o trato do tema depende, num certo sentido, de incorporar na verificação das interpretações o que é próprio da sociologia do conhecimento, a que interpreta modos de pensar, de ignorar, de desconhecer como meio para chegar à essência do problema do cativeiro atual e desvendá-lo.[2]

O interesse jornalístico e mesmo acadêmico pelas formas contemporâneas de escravidão floresceu no Brasil quando seus episódios mais característicos e violentos já estavam em declínio quantitativo, a partir dos anos 1990, trinta anos depois dos primeiros interesses nas primeiras denúncias. A própria realidade do trabalho compulsório e forçado, por dívida, já sofrera, então, significativas transformações. Tanto no campo de aplicação, quanto no modo de utilizá-lo. Quanto, ainda, no

---

1 Cf. Lefebvre, *De l'État*, t.IV, p.232; e também *La Survie du capitalisme*, p.16.

2 Cf. Martins, *Sociologia do desconhecimento: ensaios sobre a incerteza do instante*.

modo de disfarçá-lo sob máscaras formais e jurídicas, como nas mediações da terceirização das relações de trabalho. Elas deslocam a responsabilidade do crime, de quem dele se beneficia, para quem ganha para assumi-la e proteger da lei o verdadeiro autor e beneficiário.

No caso dos pesquisadores da área científica, o interesse relativamente atrasado por essa forma extrema de violação dos direitos trabalhistas e dos direitos sociais de quem vive do suor do próprio rosto, nas mais adversas condições, é expressão de uma crônica falta de prontidão para a preocupação e a compreensão das anomalias sociais. Especialmente nas ciências sociais, num país cuja história social e cuja atualidade se desenrolam, com alguma regularidade, no âmbito do surpreendente e do repentino, do imprevisível.

É praticamente inútil a historiografia "certinha" e a sociologia meramente noticiosa do colecionador de ocorrências, "encaixadas" à força em modelos e esquemas de interpretação para dar-lhes o sentido que nem sempre têm. Na sociologia, como na antropologia e na história, a pesquisa empírico-indutiva é essencial à ampliação do conhecimento sobre determinado tema e determinada situação social e histórica. E isso depende de teoria e método científicos.

Nas ciências sociais, como nas outras ciências, o conhecimento nunca é conhecimento acabado. Inconsistências e lacunas, teoricamente detectáveis, desafiam o pesquisador todo o tempo a não abrir mão da contínua investigação empírica, fonte de indagações científicas e de descobertas e de alargamento da interpretação. Nessas ciências, em grau variável, a realidade é dinâmica e cambiante. São ciências que têm como referência estruturas sociais supostas, mas são de fato ciências

Capitalismo e escravidão na sociedade pós-escravista

de processos sociais. Ao fim de uma pesquisa, o real já não é o mesmo de quando ela começou. É preciso, portanto, redescobri-lo continuamente, redefini-lo, reinterpretá-lo, atualizá-lo, para começar sempre de novo.[3]

No procedimento investigativo tosco, ao não reconstituir as minúcias de cada caso, seus detalhes e nexos, os indícios sob as invisibilidades que ocultam a totalidade de referência explicativa das relações de trabalho, o trabalhador nem sempre corretamente é definido como escravo, o que deixa vazios e expõe omissões que põem a perder a compreensão explicativa do que é, de fato, contradição da singularidade do capitalismo da margem.

A pesquisa das formas contemporâneas de escravidão só é sociológica e, portanto, explicativa, se desvendar e expor as contradições do modo de reprodução simples do capital no momento do processo em que o trabalho escravizado é componente de sua dinâmica. E, portanto, reitero, desvenda causas e fatores da escravização à luz de singularidades sociológicas e antropológicas da reprodução ampliada do capital. Isto é, das mediações que realizam como mais-valia do modo de produção realmente capitalista o que contém exploração extraordinária do trabalho efetuada de modo não capitalista. É a realização do produto final na expressão da mais-valia que define a historicidade da multiplicação do capital e não a forma da relação de trabalho nem sua reificação conceitual, como muitos fazem.

Essa demora dos pesquisadores, na conjuntura que estamos vivendo, no trato da escravidão por dívida e, portanto, no reconhecimento e interpretação de suas variações formais em pe-

---

3 Cf. Martins, *Uma sociologia da vida cotidiana*.

ríodo curto, prejudicou nossa compreensão do problema. Até porque apareceu, aqui, associada à transformação do problema da "escravidão contemporânea" em espetáculo, com generoso envolvimento e participação de personagens dos meios de grande visibilidade na mídia.[4] Os que acabam dando, também, visibilidade vicária ao chamado militante das causas sociais, dividido entre o que é próprio do trabalho científico para descobrir o que a história é e o que não lhe é próprio – fazer do pesquisador personagem postiça da história. É o prestígio superficial e vicário da coadjuvância.

Não que esse apoio não tenha sua relevância, mas é apoio secundário porque situado apenas no plano da visibilidade pública do problema e não no das condições de sua explicação e

---

4 No prefácio à tese de doutorado de Ricardo Rezende Figueira, de quem foi orientadora, Neide Esterci destaca e valoriza que o autor tenha aberto "novos espaços de militância e mobilização junto a intelectuais e artistas". Mais adiante, explica: "Há que ter a coragem de travar uma luta não só contra o imediatismo mas também contra os modelos de explicação que podem ser muito eficazes quando se trata de cumprir tarefas de denúncia e mobilização, mas são pobres quando se busca um tipo de compreensão que norteia a vocação científica. Esta supõe modelos mais complexos, novos conceitos e procedimentos". Cf. Esterci, Prefácio, in: Figueira, *Pisando fora da própria sombra: a escravidão por dívida no Brasil contemporâneo*, p.23-4. Está expressa aí uma concepção do conhecimento científico em que se pode entender que a ciência se legitima ao situar-se nos bastidores da militância e, portanto, aquém de sua função como consciência científica da realidade social. Na verdade, essa é a orientação de um grupo para o qual o trabalho científico tende a ser considerado fonte de materiais para a inspiração literária sem identificar e explicar as contradições que dão sentido social, além do meramente artístico, à militância.

Capitalismo e escravidão na sociedade pós-escravista

necessária superação. É útil, mas não é prático nem científico. É o da militância capturada pelas relevâncias do partidariamente atual e falsamente correto, sobrepostas à realidade do presente como história. Expressão de desapreço pela dialética do historicamente possível, como mencionei, enquanto dimensão da práxis da transformação social.[5]

É o que, lateralmente, compromete e minimiza o que é próprio do trabalho científico sobre essa questão porque entendimento que o priva dos detalhes antropológicos e sociológicos dos meandros que lhe dão atualidade e sentido. Os que são próprios dos modos socialmente significativos para se compreender a degradação dos seres humanos nas relações degradadas de trabalho. As ocultações ardilosas do real para que o capital por meio delas extraia o lucro extraordinário com base na temerária pressuposição de que também na economia e nas relações de dominação a esperteza é lícita para que o crime da violação de direitos compense. O que faz do capitalismo, num país como este, um subcapitalismo sem futuro e sem compromisso com a condição humana, porque a tolhe e limita. A militância também se degrada nessa modalidade de envolvimento sem conhecimento.

O período mais agudo da violência laboral da escravidão por dívida, entre nós, foi nos anos 1970 e 1980, fase intensa da expansão da fronteira econômica e da frente pioneira na chamada Amazônia Legal, lugares mais característicos e típicos

---

5 Sobre a conexão da práxis com o possível, cf. Lefebvre, *Sociologia de Marx*, p.17-41. São sociologicamente muito pertinentes as ponderações de Agnes Heller sobre a dimensão prática da práxis. Cf. Heller, *Para cambiar la vida* (entrevista a Ferdinando Adornato).

dessa ocorrência. Cenários do genocídio étnico e das expulsões da terra das populações tradicionais e originárias, e cenários desse crime na implantação das novas fazendas.[6]

Só depois, na fase do declínio da expansão territorial dos novos empreendimentos altamente subsidiados pelo governo federal devida aos incentivos fiscais do regime militar, começaram a difundir-se publicações sobre o tema. Era tarde demais. Sua atualidade é, de certo modo, pretérita e remanescente, não sendo atualizado interpretativamente o conhecimento do problema. O objeto das ciências sociais, especialmente o da sociologia, como mencionei, muda no correr do processo histórico em função de sua historicidade. Os problemas que o caracterizam metamorfoseiam-se por meio de soluções, verdadeiras e falsas, espontâneas e autorregenerativas ou de mascaramento.

As narrativas atuais, na abordagem do assunto, tendem às características de reportagens sobre o tema. Como toda reportagem, reduzidas ao mínimo e, não raro, ao supostamente espetacular das curiosidades da hora, baseadas em casos apresentados sem a qualidade científica dos estudos de caso.

Não são narrativas explicativas, isto é, não são resultados de trabalho propriamente científico, investigativo, de descobertas, que esmiuce causas, mediações, funções, determinações, expressões fenomênicas, ocultações e seus fatores e consequências, contradições e conexões de sentido, indícios de alienação e de falsa consciência e até da dolorosa cumplicidade inconsciente da vítima.

Pouco acrescentam ao já sabido. Repito, falta-lhes a dimensão propriamente sociológica e antropológica. De certo modo,

---

6 Cf. Martins, *Fronteira: a degradação do Outro nos confins do humano.*

Capitalismo e escravidão na sociedade pós-escravista

nessa questão, a ciência vem sendo afrontada e até mesmo questionada por um senso comum pobre e pretensioso.

Há um disfarce no aparentemente científico dessas narrativas, no álibi da adoção de "conceitos" supostamente provenientes de trabalhos científicos. São elas colagens conceituais em que conceitos extraídos de diferentes sistemas interpretativos são juntados arbitrariamente para compor a descrição e dar-lhe a aparência de trabalho científico e consistente. Portanto, já não são conceitos porque reduzidos a mera coleção de palavras. Até teses acadêmicas têm eventualmente passado por aí.

Desfiguram a importância que os conceitos podem ter, como suportes da análise, se devidamente situados no sistema interpretativo que lhes corresponde.

O primeiro exemplo dessa desfiguração está na relutância quanto à validade e até no ocultamento da concepção de sobre-exploração, que é o fundamento econômico da forma contemporânea de escravidão, embora não se reduza a ela. Ao que parece, para aumentar a contundência da denúncia das ocorrências, a explicação apropriada é desfigurada e esvaziada pelo "conceito" nem sempre aplicável de escravidão. É que escravidão toca as cordas desafinadas do alaúde ideológico e das conveniências político-partidárias. Sobre-exploração é definição técnica de um abuso social e moral, não joga água no moinho de ninguém.

A implícita concepção de sobre-exploração, em Marx, caracteriza e descreve a exploração da força de trabalho acima da taxa normal de exploração do trabalho pelo capital, a propriamente salarial e contratual. Isto é, taxa de extração de mais-valia acima da sua regulação pela combinada reprodução ampliada do capital com a reprodução da força de trabalho. Quando essa combinação é rompida, surgem as condições e até a necessidade de formas atualizadas de servidão. É disso que se trata. Os indícios de sobre-exploração do trabalho manifestam-se no desemprego crônico e crescente e na demora, também crescente, para que o desempregado reencontre emprego. Isso deprime o salário e a competência reivindicativa de quem continua empregado, na deterioração do salário e na sua precariedade entre o emprego anterior e o emprego seguinte. No aumento da fome e no do número dos sem-teto, do capitalismo marcado por taxas crescentes de exclusão social na forma de inclusão social perversa.[7]

A sobre-exploração compromete essa reprodução da força de trabalho ao comprometer a sobrevivência do trabalhador e de sua família, na temporalidade anômala do retorno meramente cíclico da força de trabalho ao processo de trabalho e ao processo de valorização do capital. A sobre-exploração do trabalho, também na sua forma extrema de escravidão por dívida, é anticapitalista porque compromete a sobrevivência do trabalhador como membro da sociedade capitalista e protagonista da reprodução ampliada do capital enquanto consumidor de parte da riqueza produzida. Como mediador da realização de parte do valor por ele mesmo criado e pago aquém do que de fato vale, aquilo que se esconde atrás da repartição da mais-valia e do lucro e de cada setor de sua repartição.

Cumprir as leis relativas aos direitos do trabalhador não é um favor do capitalista a quem trabalha, supostamente para ele, quando de fato trabalha para o capital, que frequentemente se dilui numa sequência de distintas personificações. Ser ca-

---

7 Cf. Martins, *Exclusão social e a nova desigualdade*; e também *A sociedade vista do abismo: novos estudos sobre exclusão, pobreza e classes sociais.*

Capitalismo e escravidão na sociedade pós-escravista

pitalista é um dever de sobrevivência de quem tem o capital, a si mesmo e ao capitalismo. Sua impessoalidade está analisada e descrita sociologicamente em *A ética protestante e o espírito do capitalismo*, de Max Weber, o capital dotado de vida própria que requer do capitalista a personalidade impessoal de um administrador de um bem como se fosse alheio.[8] Isso é bíblico, está na Parábola dos Talentos. Em linha teórica oposta, Marx também se referiu a isso numa nota de rodapé de *O capital*.

É-lhe um dever porque o capitalista não é, sociologicamente, como assinala Marx, o dono do capital, senão juridicamente, mas pela função social que desempenha e pela ética que a regula, é um funcionário do capital. Ele é funcionalmente duplo porque dono e funcionário, de uma sociabilidade baseada na alteridade crítica da subjetividade do dono e da exterioridade objetiva de funcionário. Se ele viola suas funções na multiplicação do capital, torna-se um traidor do capitalismo, isto é, de si mesmo, um suicida econômico.

O trabalhador necessita do capital e do capitalista para se reproduzir, isto é, sobreviver como trabalhador do processo de reprodução ampliada do capital. Mas o capital e o capitalista também necessitam do trabalhador para produzir a mais-valia realizável, que converte trabalho em capital e o acumula. O crescente desenvolvimento tecnológico do processo de produção, com crescente redução da força de trabalho nele empregada, o chamado aumento da composição orgânica do capital, tende a produzir uma mais-valia, no limite, não realizável. Isso é atenuado com o intercâmbio da produção capitalista com a

---

8 Cf. Weber, *The Protestant Ethic and the Spirit of Capitalism*, p.47-78.

produção não capitalista "de fora" do capitalismo, como sugere Rosa Luxemburgo.[9] Esse é o nó da crise estrutural do capital.

É possível que a substituição de trabalho por capital ao longo da história do capitalismo, na estrutura econômica do empreendimento, acentuada após a Segunda Guerra Mundial, com as reestruturações produtivas, tenha subvertido a premissa idílica do pensamento de Marx de que o capitalismo tem um limite para fazê-lo, o limite de sua própria sobrevivência e reprodução. O de que o enorme crescimento do desemprego e do exército industrial de reserva, que nele se manifesta, sejam expressões dessa subversão. O capital desenvolveu técnicas autoprotetivas e autorregenerativas de contornar as contradições e de administrar suas irracionalidades e tensões. Os desafios historicamente criativos dessas contradições podem ter chegado ao limite.

No descompasso entre crescimento demográfico e desenvolvimento econômico, milhões de pessoas nascem quando já não há nem haverá, nesse modelo, lugar para elas no mercado de trabalho. A atual realidade do capital cria continuamente uma grande massa de população sobrante, que, aparentemente, já não põe o capitalismo em crise porque, nessa condição, não tem existência real senão à margem da sociedade capitalista. Uma marginalidade estrutural, que desumaniza crescentes parcelas da população. Um problema sociológico da pós-modernidade.

Isso ilumina a complexidade da disseminação e revigoramento da escravidão por dívida, sendo ela, supostamente, expressão da falta de oferta de força de trabalho em relação à demanda.

---

9 Cf. Luxemburgo, *A acumulação do capital*, p.7 e 11-26.

Capitalismo e escravidão na sociedade pós-escravista

Na verdade, essa insuficiência de oferta é falsa. A escravidão atual tem sido o resultado da vitalidade de uma cultura de depreciação da pessoa do pobre e do seu trabalho e da multiplicação de organizações e mecanismos de repressão e de violência contra os desvalidos e de coagi-los ao trabalho em condições sub-humanas e reduzir o custo da força de trabalho a menos do que os mínimos vitais necessários à sobrevivência do trabalhador e sua família. Esta é uma sociedade em que o mais moderno recria e reproduz o mais arcaico e injusto.

Desde 1995, quando foi criado o Grupo Móvel de Fiscalização, no governo de Fernando Henrique Cardoso, mais de 60 mil trabalhadores em situação de trabalho degradante foram resgatados. Entre 2017 e 2022, 174 empresas foram arroladas na "Lista Suja" por submeter 1.490 trabalhadores a uma forma de escravidão. De abril a outubro de 2022, houve mais 89 empregadores autuados, número que dobrou em relação ao ano anterior.[10] Nos três primeiros meses de 2023, até 20 de março, 918 pessoas escravizadas foram resgatadas, principalmente em atividades nas culturas de café, de soja, de cana-de-açúcar e em carvoarias, "maior patamar nos últimos 15 anos", devido ao aumento da vulnerabilidade dos trabalhadores.[11]

---

10 Cf. Silva, As empresas da "lista suja" com maior número de trabalhadores em condições análogas à escravidão", *Carta Capital*, 18 mar. 2023. Disponível em: <https//www.cartacapital.com.br/sociedade/empresas-da-lista-suja-com-maior-numero-de-trabalhadores-em-condições-analogas-a-escravidao>. Acesso em: 21 mar. 2023.

11 Cf. Sofia; Brant, Trabalho semelhante ao escravo deve ter forte aumento com crise e impunidade sob Bolsonaro, diz chefe da OIT, in: *Folha de S.Paulo*, 25 mar. 2023.

Esse é um desencontro entre a teoria e a realidade que pede aos cientistas sociais a atualização, no retorno à dialética, do conhecimento do que é o capitalismo que supomos conhecer. Como todas as realidades sociais, capitalismo é uma realidade social dinâmica que, em seu movimento, já expõe os indícios das atualizações de que carece. Seus padrões estruturais mudam em função de suas contradições. A sociedade resolve seus carecimentos e, ao mesmo tempo, cria novas e diferentes necessidades sociais, de seu próprio desenvolvimento decorrentes e das decorrentes inovações de consciência social, que pedem inovações na práxis e, portanto, no ativismo socialmente criativo.

Uma expressão desse movimento é a impropriamente chamada exclusão social, quando se trata de inclusão social perversa, como já mencionei, pois o desvalido tem uma função no atual modelo neoliberal de reprodução ampliada do capital.[12] Ele paga o preço do lucro extraordinário que vem se tornando um requisito estrutural e constitutivo dessa economia, especialmente nas empresas que estão aquém dos recursos e da tecnologia já existentes, mas indisponíveis num capitalismo de atrasos para todas as empresas.

Produto da miséria e duplamente vítima, o chamado excluído é produtivo de lucros que não seriam possíveis sem a debilitação dos trabalhadores. O excluído fragiliza o poder de reivindicação do trabalhador ativo porque aumenta a oferta de força de trabalho em relação à demanda, trabalhador demais à procura de trabalho para trabalho de menos à procura de trabalhador.

---

12 Cf. Martins, *Exclusão social e a nova desigualdade*; e também *A sociedade vista do abismo: novos estudos sobre exclusão, pobreza e classes sociais*.

Capitalismo e escravidão na sociedade pós-escravista

E, ao mesmo tempo, cada vez mais, trabalhador que não consegue emprego. Ele é produtivo de lucros no desemprego, no emprego que não tem, pois protege o capital de demandas de aumento salarial e, portanto, gera-lhe um lucro extraordinário.

Neste país, nossa concepção de trabalho é pobre, pois desconhecemos que o trabalho não é simplesmente o ato de trabalhar. A verdadeira atualidade do trabalho é apenas expressão da partilha, direta ou indireta, da realização do valor criado pelo trabalho social e não simplesmente pelo trabalho individual. O trabalhador o é não sendo, mediado pela alienação de sua coisificação decorrente da sujeição real do trabalho ao processo de valorização do capital e não mais da sujeição meramente formal do trabalho ao capital.[13] Real porque o capital moderno se apossou e se apossa cada vez mais dos atributos do trabalho, do saber do trabalho, usurpa do trabalhador não só o tempo de trabalho não pago, a mais-valia. Mas sobretudo o conhecimento laboral que pode assegurar sua individualidade e sua liberdade, mesmo nos interstícios que, no capitalismo, sobrevive como capital cultural do trabalhador e capital social não reconhecido do próprio capitalismo.

Nesse sentido, as lutas sociais são recomeços cotidianos de interpretação da crise e de recriação da práxis. A concepção de militância em nome do trabalho e do trabalhador, no Brasil, é alienada porque imobilizada em marcos ideológicos crescentemente desenraizados e obsoletos. É também uma usurpação político-ideológica do que pertence ao trabalhador enquanto sujeito social e político de sua obra.

---

13 Cf. Marx, A produção capitalista é produção e reprodução das relações de produção especificamente capitalistas, *O capital – Livro I, Capítulo VI (Inédito)*, p.90-7.

O que surpreende é que os excedentes populacionais têm desenvolvido técnicas sociais precárias de sobrevivência e de ajustamento ao capitalismo sem insurgir-se contra ele, no sentido de transformá-lo e de modernizá-lo socialmente. Como no caso possível e viável da redução da jornada de trabalho e consequente socialização possível dos resultados do progresso técnico. O que criaria empregos numa sociedade que está claramente passando por um processo de redução da fertilidade humana e diminuição do tamanho da família. Expressão, no mínimo, da fragilidade das mediações políticas disponíveis para sua compreensão e interpretação no campo das lutas por direitos sociais.

Essa é, sociologicamente, a questão mais importante, porque, sendo questão, pede a revisão interpretativa da realidade atualizada de como o capitalismo se propõe a cada passo. O capitalismo tem desenvolvido um subcapitalismo rebarbativo e residual que é dele integrante, que abriga essa massa situada à margem das oportunidades que o capitalismo poderia gerar, mas que realiza insuficientemente.

Massa que, de vários modos, compreende sua situação pela mediação de uma cultura adaptativa da pobreza, como a define Oscar Lewis. Uma estratégia de sobrevivência que não questiona o capitalismo na sua forma atual e obsoleta. Nem o questiona nas técnicas sociais da sobre-exploração. Há aí uma espécie de cumplicidade cultural adaptativa da vítima com a opressão que a tolhe.

Em suas obras referenciais, Lewis limita-se à etnografia da função imediata e cotidiana do senso comum dos pobres.[14]

---

14 Cf. Lewis, *Five Families: Mexican Case Studies in the Culture of Poverty*; *The Children of Sánchez: Autobiography of a Mexican Family*; La cultura de la pobreza, in: Oscar Lewis et al., *La cultura de la pobreza*, p.7-30.

Capitalismo e escravidão na sociedade pós-escravista

De certo modo, deixa de lado os silêncios e invisibilidades interpretativos da realidade da pobreza apesar dos recursos interativos que desenvolveu para fazer da técnica de suas pesquisas verdadeiro ato de espionagem da intimidade das famílias que estudou, como fica evidente nas informações que sobre elas colheu, sem explicar como o fez. Tema, aliás, de amplo debate nas ciências sociais, a obra de Lewis submetida a questionamentos que nunca foram esclarecidos.

Trata-se, no entanto, de uma situação social que contém a possibilidade teórica do examinar e interpretar a consciência da pobreza na perspectiva dialética, como manifestação cultural oposta à da interpretação de Lewis sobre a função adaptativa da cultura da pobreza.

Na perspectiva alternativa, ela é devidamente analisada nos consistentes e referenciais estudos do antropólogo italiano Luigi Lombardi Satriani sobre o folclore de contestação e sobre folclore e exclusão na Calábria. Continuador da antropologia de Ernesto De Martino, mas sobretudo da antropologia por meio dela derivada da obra de Antonio Gramsci, Satriani toma como referência a cultura da pobreza como cultura folclórica, uma cultura de antagonismos culturais consolidados, social e historicamente situados e em si mesmos explicativos. Isto é, como valores e concepções de uma consciência crítica, de indocilidade e não de sujeição.[15]

O capitalismo tem desenvolvido uma conflitividade de guerra contra o trabalho e os trabalhadores que anula, desde a

---

15 Cf. Satriani, *Antropologia culturale e analisi della cultura subalterna*, p.91-182; Satriani, *Il silenzio, la memoria e lo sguardo,* passim; De Martino, Intorno a una storia del mondo popolare subalterno, in: Raffaele Rauty (ed.), *Cultura popolares e marxismo*, p.45-7.

segunda metade do século XX, milhões de pessoas excedentes, nos vários modos de reduzir-lhes a vida biológica e de encolher-lhes a vida social.

A criminalidade e a droga alienantes tratam de eliminar ou mutilar e inutilizar outros milhões de pessoas. Os que ainda acidentalmente sobram são os que acabam sendo remetidos para o anômalo mercado de trabalho do subemprego ou do emprego intermitente, alternado com o desemprego cíclico, cada vez mais demorado nas histórias pessoais.

No resíduo do resíduo dos habitantes da beira do capitalismo, estão os que acabam tendo a acomodação anômala do trabalho escravo e sem futuro. Nesse sentido, é necessário ter em conta que as formas contemporâneas de trabalho escravo entre nós tendem a ser de trabalho temporário, como mencionei, especialmente nas ocorrências urbanas. Embora ocorram no meio urbano situações de rotineiro trabalho sobrexplorado e infrapago, como em casos de trabalho doméstico judicialmente reconhecidos como de trabalho análogo ao de escravo. Aqueles em que a relação é destituída dos componentes próprios do trabalho remunerado e salarial e da liberdade pessoal do trabalhador fora da jornada de trabalho. Ou os casos de infrarremuneração do trabalho em domicílio na indústria urbana de confecções.

Uma dolorosa e extrema evidência do problema ocorreu em São Paulo, em fevereiro de 2014, quando um traficante de mão de obra foi flagrado e preso na feira do Pari, vendendo dois bolivianos como escravos ao preço de 500 dólares cada um.

Trata-se, como já mencionei, de inclusão social perversa e não exclusão social porque, no trabalho incerto e degradado, produtiva de riqueza, pois momento da reprodução ampliada do capital. Mas em formas social e moralmente degradadas de

Capitalismo e escravidão na sociedade pós-escravista

convivência, de carência de destino e de privação de possibilidades de participação nas promessas do capitalismo, as da ascensão social e do consumo.

O desenvolvimento capitalista cria novas profissões correspondentes à sua transformação tecnológica. Mas as novas profissões pedem adestramento e, não raro, demorada formação dos novos trabalhadores que irão praticá-las. Nem sempre profissões e empregos que sejam ocupados pelos que perderam os empregos das profissões obsoletas e extintas. Portanto, uma reestruturação do mercado de trabalho marcada, no geral, por uma demora até mesmo geracional que não atenua a situação adversa de suas vítimas.

Já as atividades econômicas desreguladas, da economia paralela de resistência e sobrevivência, definem seu próprio capitalismo agregado, um capitalismo pré-capitalista, aquém do capitalismo típico, de leis econômicas reconhecidas e estudadas. Um capitalismo insuficientemente realizado porque a situação de sua ocorrência não é regida plenamente por tudo aquilo que é próprio do modo realmente capitalista de produção. Um resíduo de capitalismo possível. "Pré" pela forma que assume e não porque constitua um retorno àquilo que já tenha sido. Um outro capitalismo, inacabado e inacabável, desprovido das possibilidades do capitalismo propriamente dito. Um capitalismo dos pobres, cúmplice e adjetivo, destituído de possibilidades de superação das adversidades e de realização de um socialmente possível justo e suficientemente denso.[16] É nesse âmbito que se situam as formas servis de trabalho.

---

16 O pioneiro estudo antropológico de Sol Tax, sobre o que ele definiu como "capitalismo do tostão", com base em pesquisa numa

O sujeito teórico do conflito social no capitalismo é a classe operária, que vive as contradições do capital e pode, por isso, embora não necessariamente, tomar consciência do que é. E da implícita possibilidade de reconhecimento das necessidades radicais, que das contradições emergem, as que movem a história porque a práxis que delas decorre é necessariamente práxis de transformação social.[17] Mas nem todas as vítimas das contradições do capital se situam nas relações de produção que

comunidade camponesa da Guatemala, entre o fim dos anos 1940 e o início dos 1950, é uma boa indicação da inventividade adaptativa e residual de populações rústicas ao capitalismo dominante e nele marginalizadas. Cf. Tax, *Penny Capitalism: A Guatemalan Indian Economy*. Casos dessa economia adaptativa existem em todas as partes, também aqui no Brasil. Um dos mais interessantes é o da Mercearia Paraopeba, em Itabirito (MG), fundada em 1876 e, várias gerações depois, ainda em funcionamento nas mãos da mesma família. Não só por meio dela roceiros da região ampliam as possibilidades do seu ajustamento econômico à margem do capital, como compradores e consumidores, mas também como vendedores de produtos da tradição de seu modo de vida, que não estão na história da comercialização de produtos naturais e agrícolas. Caso da macela, planta natural do campo, usada pelos antigos de situação e de tradição para enchimento de travesseiros porque aromática e calmante, para chá medicinal e mesmo condimento. Cf. Um armazém das antigas – Mercearia Paraopeba, direção de Rusty Marcellini, Cara de Cão Filmes, 2010, disponível em: <https://youtu.be/aUiWgtIGJwU>; acesso em: 13 jul. 2023. A adaptação ao capitalismo, por meio das formas contemporâneas de escravidão, constitui o outro lado do processo do capital para extrair excedentes econômicos de economias que não são propriamente capitalistas. Excedentes que não são regulados pela lógica da taxa de lucro do capital. Ou momentos da reprodução ampliada do capital.

17 Cf. Heller, *La Théorie des Besoins Chez Marx*; cf., também, Lefebvre, *La Proclamation de la Commune*; e Lefebvre, *Sociologia de Marx*, p.17-41.

Capitalismo e escravidão na sociedade pós-escravista

definem a condição operária. Delas, uma grande massa está à margem do que é propriamente fator dinâmico de mudança socialmente integrativa.

A escravidão, o desemprego, o subemprego, a precarização do trabalho não podem fundamentar necessidades radicais socialmente transformadoras e superadoras de privações e exclusões. Não fazem de suas vítimas sujeitos de transformação social porque bloqueadas por uma falsa consciência das possibilidades históricas de sua situação social. Sua consciência social não é a do amanhã. É apenas a pobre consciência social da resignação e da espera. O antes é sua referência, a do que perdeu ou sabe que está perdendo. Um modo de vida e uma modalidade comunitária de pertencimento. Mas é também a da observação das fraturas e vulnerabilidades de uma sociedade minada pela economia de insuficiências e da distribuição desigual não só de renda, mas também de direitos.

Essa situação e suas expressões sociais e formais não chegam à consciência social como o que de fato são. Em consequência não chegam à consciência daqueles que são outros e não os próprios e atuam para corrigi-las e superá-las em nome de motivações ideológicas que não são as da vítima. Na prática, a militância acaba se traduzindo em apropriação do querer da vítima. O que torna evidente a falta de um elo explicativo na compreensão da situação das pessoas que os militantes querem ajudar, sejam agentes de pastoral de igrejas ou agentes sindicais ou intelectuais inconformados com os limites das graves e fundamentais tarefas do pensar e do desvendar para superar e mudar.

São ilustrativos os casos de ações oficiais, por parte dos fiscais do Ministério do Trabalho, de localização e libertação de pessoas escravizadas, em que os trabalhadores se escondem na hora da intervenção. Ou nos casos de nova investigação em que os mesmos trabalhadores já libertados são reencontrados em cativeiro voluntário nas mesmas fazendas de ocorrência anterior, o que pode ser indicativo de que a ação fiscalizadora e a ação repressiva estão divorciadas das carências que os afligem.

Os militantes das causas sociais, muitos sem consciência política de que, em sua militância, agem como mediadores de classe média que usurpam involuntariamente o querer dos desvalidos. São, no geral, estruturalmente desenraizados, despreparados para que possam compreender a realidade e personificar suas demandas na perspectiva da consciência social verdadeira, a do limite do historicamente possível.

Ter informação sobre o assunto e tê-la até em grande quantidade não são indício de informação consistente sobre o elo entre vivência e consciência das vítimas da escravidão. A classe média é a categoria social da consciência genérica e indeterminada, quantitativa, por isso voluntarista. Fundamento de uma práxis mimética, completamente diferente da práxis do propriamente trabalhador, a que reitera e inova, ao mesmo tempo, isto é o que vive e sofre as incertezas da contradição que o vitima.[18]

As condições sociais da vítima não são, portanto, na sua marginalidade residual, as condições de uma reforma social transformadora ou de uma revolução social possível. Em suas urgências de sobrevivência, o que conseguem ver não é nem o que acontece nem o que pode acontecer. Podem ocasionar movimentos sociais pré-políticos, mas não podem gerar uma

---

18 Cf. Lefebvre, *Sociologie de Marx*.

Capitalismo e escravidão na sociedade pós-escravista

visão de mundo e uma compreensão da realidade que revelem as condições de superação das contradições que as causam. O protagonismo da vítima existe, mas não é o mesmo do sujeito teoricamente decisivo, ainda que alienado, e de referência da história contemporânea e de sua interpretação, o operário. Aliás, de alcance cada vez mais restrito em decorrência da reestruturação produtiva, das mudanças sociais e do desenvolvimento de técnicas sociais de manipulação de impressões e da consciência.

Por outro lado, os integrados, porque assim se sentem, estão saciados e tampouco eles podem ter consciência de necessidades radicais, como alertou Agnes Heller numa conferência na PUC de São Paulo, em 1992.[19] A cultura da sociedade de consumo e o consumo acima do necessário, que a caracteriza, não criam as condições de necessidades radicais transformadoras. Tendem a criar conformismo e cumplicidade.

Essas são as bases sociais da alienação, da falsa consciência necessária à reprodução da sociedade e da reprodução capitalista e ampliada do capital. As técnicas sociais de manipulação da consciência, cada vez mais elaboradas, tornaram-na administrável.

Lefebvre mencionou em um de seus trabalhos o ressurgimento da sociedade estamental. Na verdade, um estamentalismo moderno de segregação e autoproteção das camadas sociais afluentes da sociedade de consumo. Cada vez mais preocupadas com os signos de status, como se fossem de nascimento ou de mérito próprio e exclusivo, de modo a legitimar a abundância

---

19 Cf. Martins, *A aparição do demônio na fábrica: origens sociais do Eu dividido no subúrbio operário*, p.194.

excessiva em comparação com a miséria demasiada de muitos. Os benefícios insuficientes do desenvolvimento econômico como privilégio pessoal e estamental, o que, provavelmente, dá conta de fenômenos como esse, de uma sociedade dual, cindida, dupla.

Em narrativas sobre a "escravidão contemporânea", de evidente pobreza teórica, a ausência nelas de importância, reconhecível e identificável, do método científico e, no caso, dialético, o conceitualismo não científico e até anticientífico, de colagem, antissociológico e anti-histórico, por suas insuficiências explicativas, é a modalidade-limite de conhecimento determinada por essa realidade anômala na descrição impressionista e pelo impressionismo limitada.

Só a pesquisa propriamente científica pode ir além da impressão e do fenomênico, das insuficiências e limitações da reportagem social, na medida em que a realidade só pode ser explicada com os recursos da ciência. Pode ter suas contradições e invisibilidades identificadas, pode a realidade ser desconstruída para ter suas determinações desvendadas. Para que o reconhecimento da unidade do diverso, da totalidade, dê sentido ao fragmentário e alienado e possa ser compreendida. E, portanto, exponha a dinâmica dos processos sociais que possa ser revelada para indicar o protagonismo possível de quem é tolhido pelos carecimentos desproporcionais que caracterizam a sociedade contemporânea. Como sintetiza Marx na definição do método de explicação propriamente científico, a que já me referi: "O concreto é concreto porque é a síntese de múltiplas determinações, portanto unidade da diversidade".[20]

---

20 Cf. Karl Marx, *Contribution a la critique de l'economie politique*, p.165.

Capitalismo e escravidão na sociedade pós-escravista

Unidade também de temporalidades desencontradas em decorrência dos ritmos desiguais das diferentes instâncias do processo social e histórico.

A reportagem social se reduz à denúncia e à crítica moral dos que se beneficiam do trabalho escravo. Descreve mas não explica. A sociologia, porém, nos casos atuais de escravidão por dívida, deve desvendar o que nela é inevitavelmente próprio do capitalismo que a engendra, dela se nutre e lhe dá função e sentido.

É desse sistema constitutiva a necessidade econômica de escravizar o trabalhador em vez de contratá-lo com base no princípio da igualdade jurídica e dos direitos sociais que dela decorrem. O que, anomalamente, se desdobra num subcapitalismo paralelo regido, no entanto, pela lógica própria do capital, mas que não expõe as invisibilidades do processo de valorização do capital, o segredo do anômalo. O desafio do desvendamento científico.

Por trás do processo e de quem o personifica está o problema da taxa média de lucro e da composição orgânica do capital, que mencionei. Para que a reprodução ampliada do capital, nos setores atrasados do seu processo, se dê em função dessa taxa média, a escravidão por dívida permite fazer com que o capital variável do empreendimento, o dispêndio com a força de trabalho seja artificialmente menor do que aquele com o capital constante, os materiais e meios de produção. O capital dispendido em escravos para o trabalho barato, nesse caso, opera com a função de uma alta composição orgânica, que não tem, como se fosse capital moderno. Menciono essa referência em diferentes momentos desta análise.

O lucro extraordinário na economia da atualidade, nas atividades fundadas no trabalho escravo, disfarça a escravidão ao permitir que a reprodução do capital ocorra como se escravidão não houvesse. A racionalidade do capital se mantém segundo o modo dominante de sua reprodução capitalista. No entanto, é trabalho escravo e anticapitalista na forma social que assume porque a pobreza que dele decorre não integra socialmente quem dele sobrevive. É negação do capitalismo porque sem a alternativa de sua transformação superadora, como modo de produção aprisionado aquém do que o capitalismo pode na função social que deve cumprir.

A anomalia da escravidão na sociedade moderna assegura que funcione como capitalista o que capitalista não é, ou de que é apenas um elo não capitalista na reprodução ampliada do capital. Na medida em que a composição orgânica do capital depende de violências, próprias da escravidão, para assegurar ao empreendimento a lucratividade que corresponda à taxa média de lucro de um capital empregado como se fosse de modo capitalista. E não o é porque esse capitalismo nega a suas vítimas e seus autores as condições sociais de superação das contradições próprias desse ramo subcapitalista do modo capitalista de produção. Nega-lhes a liberdade de serem conscientemente membros do trabalhador coletivo e, nessa condição, a de fazerem sua própria história. Ainda que alienados, como de fato são, a liberdade de na sua práxis social libertarem-se, em vez de serem libertados, e desvendarem o seu destino social possível. Sem entender isso, não se entende nada.

A escravidão atual, no que tem de exacerbação da sobre-exploração do trabalho, é variante anômala e irracional do trabalho assalariado, propriamente capitalista. Porque nela a única possibilidade de superação está na realização das potencialidades tolhidas do assalariamento. Não é modo de produção

Capitalismo e escravidão na sociedade pós-escravista

"setorial". É forma não capitalista de trabalho cujo socialmente possível, transformado, está contido no resultado capitalista do processo de trabalho, lucro, "fora" do universo social do trabalhador escravo, confinado nas limitações e obscurecimentos das exclusões que dele fazem propriamente um pobre. De que também o escravo é produtor, mas diferentemente do verdadeiro assalariado, cujas mediações situacionais, porém, constituem armadilhas do falso na relação entre trabalho e consciência social.

Com esse modo do capital se reproduzir, num outro plano teórico e explicativo, está o problema já mencionado da realização da mais-valia e de sua distribuição. Num dos aspectos mais importantes da análise de Marx, ela é invisível em decorrência do trabalho alienado: o que o capitalista compra e paga não é o que o trabalhador lhe vende. Pelo salário menor do que o valor criado no processo de trabalho, o capital compra do trabalhador e lhe paga o que o trabalhador julga ser o que de fato vendeu ao capitalista. O salário é o que o trabalhador julga necessário à sua reprodução, isto é, à reprodução de sua família, os que concorrem de vários e diferentes modos a que o trabalhador se reproduza como pessoa inteira, como linhagem, não só a porção de seu ser que dedica determinado número de horas de seu dia ao trabalho na linha de produção. Mas o que o trabalhador lhe vende, sem saber, é sua força de trabalho inteira, capaz de produzir, durante a jornada, mais riqueza do que a necessária para pagar o seu salário.[21] Quando o trabalhador

---

21 Cf. Marx, *El capital: crítica de la economía política*, especialmente p. 103-249.

acha que está vendendo apenas o que se materializa no que se torna visível ao final do processo de trabalho.

Na situação de trabalho escravo, as insuficiências da remuneração do trabalho e até mesmo sua completa falta, o salário consumido pelas dívidas manipuladas para lesar o trabalhador, são fatores de consciência que não legitimam o cativeiro e sua brutalidade, consciência limitada e pobre, reduzida à eventual opção pela fuga, o negar-se como trabalhador.

Trata-se de uma trama de enganos inconscientes, expressões de uma falsa consciência do que é o trabalho no capitalismo, carregado de invisibilidades enganadoras. Sem o que o trabalho livre e assalariado não seria possível.

Se a trama da exploração fosse visível, como forma não paga de trabalho, a consciência verdadeira do trabalhador teria condições de surgir no final do próprio processo de trabalho. Mas como trabalho não pago, como injustiça e como consequente fator de recusa das condições de trabalho. Ou seja, não haveria capitalismo. Nem haveria tudo que econômica, social, cultural e politicamente decorre da acumulação e distribuição do capital, nas suas diferentes e especializadas funções: industrial, agrícola, comercial, financeira.

O subcapitalismo opera ao reduzir a possibilidade da realização da mais-valia quando amplia o lucro como lucro extraordinário resultante da minimização do salário como retribuição e realização do trabalho socialmente necessário à reprodução da força de trabalho. Portanto, minimização socialmente excludente dos trabalhadores por esse lucro responsáveis. Não só condenados a *receber, na "escravidão contemporânea", muito menos* do que vale seu trabalho, em vez de *receber apenas menos*, que é o característico do trabalho livre e assalariado, capitalista. Nesse muito

Capitalismo e escravidão na sociedade pós-escravista

menos, e não no menos, estão as condições da sobre-exploração e do trabalho escravo.

Foi o problema, já citado, não resolvido por Marx, em *O capital*, o problema da realização da mais-valia na mediação de formas de trabalho que não são formalmente capitalistas. Quem a realiza e como? Não é o capitalista e não é o trabalhador. Rosa Luxemburgo foi quem o analisou.[22] O capitalista só pode realizá-la se convertê-la em capital, investindo-o na reprodução ampliada desse capital. Não pode consumi-la porque, se o fizesse, deixaria de ser capitalista. E, ao convertê-la em capital amplia, também, a necessidade de realizá-la, o que apenas reproduz o problema: quem realiza a mais-valia e como. O trabalhador não pode realizá-la porque não é dele: é justamente privação do que lhe pertencia e ele não sabia, base da inferioridade do salário em relação ao valor por ele criado.

O capitalismo não apenas se vale de relações não capitalistas de produção, para se reproduzir, como supõe Rosa Luxemburgo. Mas ele *as cria*, incorporando-as à sua lógica mercantil e capitalista de reprodução do capital, isto é, ele as redefine em função da complexidade crescente do processo do capital. Fernando Henrique Cardoso demonstrou, em sua tese de doutorado, *Capitalismo e escravidão no Brasil meridional*, que a escravidão colonial era expressão e necessidade do capital, na perspectiva do capitalismo escravista.[23] Foi esse capitalismo em gestação, nos centros dominantes do capital, mediador do escravismo, a con-

---

22 Cf. Rosa Luxemburgo, *A acumulação do capital*, p.7, 11, 26, 302 e 314.

23 Cf. Cardoso, *Capitalismo e escravidão no Brasil meridional*.

tradição que tornou incontornável, aqui, o advento do trabalho juridicamente livre.

Porém, uma vez abolida a escravidão, continuou o capitalismo a carecer da mediação de formas não capitalistas de produção para realizar a reprodução ampliada do capital com a inclusão, como um dos seus momentos, da situação social pré-moderna e adversa ao capitalismo propriamente dito.[24] E as criou como momento atrasado do processo de trabalho capitalista nos diferentes campos de produção da economia brasileira.

O capitalismo só é viável, portanto, na medida em que o setor de alta composição orgânica, o do trabalho morto expresso no capital acumulado, as máquinas, equipamentos, matérias-primas, conhecimento, o que é propriamente capital, intercambia com o setor de baixa composição orgânica (o trabalho vivo que cria a riqueza a mais, a mais-valia, em relação ao necessário a quem, através do salário, sobrevive e se reproduz para trabalhar). Caso em que a exploração do trabalho aparece dissimulada naquilo que supostamente é (enquanto na escravidão não há dissimulação, mas irrealidade, invisibilidade). Ou no caso típico de referência da problemática da escravidão contemporânea, com setores de economia não capitalista, cujo trabalho vivo, personificado pelo trabalhador que, no geral e nos casos típicos, só parcialmente sobrevive com o salário aquém do necessário porque se nutre da produção direta dos meios de vida, que o completa. Caso da economia camponesa complementar do salário, desde há muito comum no Brasil. O trabalho livre dos setores não capitalistas é eventualmente

---

24 Cf. *O cativeiro da terra: a produção capitalista de relações não capitalistas de produção.*

Capitalismo e escravidão na sociedade pós-escravista

disponível para o capital como trabalho temporário e sazonal, como já indiquei.

Nesses casos, o trabalho que se materializará na mais-valia tem as características de trabalho puro, em que o trabalhador explora a si mesmo para inserir-se produtivamente na economia, isto é, produtor de mais-valia, exclusivamente. Referindo-se à modalidade de referência da mais conhecida manifestação de escravidão pós-escravista entre nós, a do trabalho nos seringais, que ele conheceu de perto, documentou e analisou, Euclides da Cunha disse-o, a seu modo, crua e objetivamente: "o seringueiro realiza uma tremenda anomalia, é o homem que trabalha para escravizar-se".[25] Uma interpretação dialética das relações de trabalho que produzem a forma pré-moderna da mediação constitutiva da subjetividade e da identidade do trabalhador na relação laboral não capitalista para o capital.

Isso ficou claro no caso brasileiro, nos anos 1970 e 1980, tanto nas ocorrências de sobre-exploração quanto no seu desdobramento como escravidão. As primeiras podem ser observadas nas migrações temporárias de trabalhadores rurais do Nordeste para os canaviais de São Paulo, para o corte de cana, ou para outras regiões em outras modalidades de trabalho, o dos que foram chamados de boias-frias e, no Nordeste, de "clandestinos".

Nesses casos, migravam os homens, especialmente os jovens, no período de entressafra da roça da família. Era um modo de diminuir temporariamente o número de bocas da casa.[26] Permaneciam as mulheres, as crianças e os velhos nos trabalhos

---

25 Cf. Cunha, *À margem da história*, p.22 e 58.

26 Cf., entre outros relatos a respeito do tema, Figueira, *Pisando fora da própria sombra: a escravidão por dívida no Brasil contemporâneo*, p.116-7.

de entressafra, enquanto os jovens, não raro com o próprio pai, migravam para as grandes fazendas de cana do Sudeste.[27]

Ali, aceitavam pagamentos ínfimos pelo duríssimo trabalho do canavial. Moravam mal, viviam mal, comiam a boia fria requentada da janta do dia anterior. Pesquisa médica, realizada pela Faculdade de Medicina da USP, em Ribeirão Preto, nas marmitas obtidas dos trabalhadores por troca com marmitas de alimentação balanceada, nos pontos de recrutamento da periferia das cidades da região canavieira, mostrou que a alimentação era pobre e insuficiente, complementada com um consumo alto de cachaça para suprir as calorias que faltavam na comida.[28] De madrugada, os trabalhadores eram abordados pela equipe de pesquisa que lhes propunha a troca da marmita por uma marmita de almoço balanceado e correto.

Os trabalhadores aceitavam e aceitam essas condições adversas de trabalho justamente porque os insuficientes ganhos

---

27 Como infiro de análise de José César Gnaccarini, com as novas culturas agrícolas, como a do algodão e do amendoim na frente pioneira do Oeste de São Paulo, amplia-se o território do trabalho do migrante, o do trabalhador temporário, cuja sociedade de referência não é a do destino, e sim a de origem: "trabalhadores jovens que migram periodicamente, jornaleiros que se deslocam dos sertões de Minas Gerais para fazerem a colheita do algodão e do amendoim na área de Presidente Prudente, em São Paulo, mas se mantêm umbilicalmente ligados às suas famílias de parceiros e pequenos arrendatários". Cf. Gnaccarini, *Latifúndio e proletariado*, p.79. Ou seja, a situação do trabalhador escravizado é uma função que se legitima pelo afã autodefensivo de reprodução social da agricultura familiar e não capitalista de origem do trabalhador.

28 Cf. José Eduardo Dutra de Oliveira e Maria Helena Dutra de Oliveira (orgs.), *Boias-frias: uma realidade brasileira*.

Capitalismo e escravidão na sociedade pós-escravista

nelas obtidos são complementares da economia camponesa e familiar do seu grupo de origem. Atenuantes das insuficiências da economia da pobreza. Nessa relação laboral peculiar, a produção direta dos meios de vida pela família trabalhadora subsidia a produção capitalista de suas conexões, através das bocas sobrantes dos trabalhadores temporários da cana-de-açúcar.

Para a empresa, que dessa forma de trabalho se beneficia, expressa-se na reprodução ampliada do capital pelo uso de força de trabalho aquém de barata. No entanto, para o trabalhador, é exatamente o contrário, o que se reproduz é a força de trabalho da economia camponesa e a própria economia familiar e camponesa em gradações decrescentes. A exploração anômala da força de trabalho alimenta dois mundos diferentes e desencontrados: o camponês e o capitalista.

Indireta e invisivelmente o trabalho sob forma não capitalista incrementa a mais-valia que do processo de exploração do trabalho resulta. Porém, uma produção que é capitalista pelo resultado final da valorização do capital e não pela coincidência do processo de trabalho com o processo de valorização do capital.

O processo de trabalho do que foi o chamado boia-fria tem sentido como processo de trabalho da agricultura camponesa e de sua antropologicamente peculiar reprodução e continuidade. Destituída do possível da superação transformadora da condição social de quem trabalha, característica do processo do capital, um caminho que a sobre-exploração do trabalho veda ao trabalhador. O trabalho do boia-fria reduz na agricultura camponesa a superação à sua preservação na pobreza e não à transformação de sua condição social.

A verdade é que o problema do boia-fria não se resolveu pelas superações eventualmente contidas no processo de seu trabalho. Só acabou quando o boia-fria também acabou, como categoria social, substituído por equipamentos e tecnologia modernos que agilizaram, simplificaram e baratearam o corte de cana. Tornando o trabalhador, portanto, descartável.

De outro modo, o mesmo problema ocorreu com a migração de trabalhadores nordestinos, especialmente do Piauí, para a região amazônica para trabalhar na derrubada da mata e na abertura de novas fazendas na região. Recrutados pelos "gatos", os empreiteiros, na verdade traficantes de mão de obra, através do adiantamento para sustento da família, o chamado abono, entravam no caminhão do tráfico já endividados e, sem o saber, escravizados. Quem tentasse fugir era caçado pelos pistoleiros das fazendas porque devedores da comida, das ferramentas e do transporte. Como de fato o subpagamento já estava retribuído pelo trabalho realizado e não pago, não foi incomum o assassinato dos trabalhadores quando fugiam. Mesmo quando o trabalhador tivesse saldo e não dívida e o tivesse recebido, não foi incomum, nos anos 1970, que os pistoleiros das fazendas o tocaiassem no caminho, lhe roubassem o dinheiro e os bens e o matassem. Ouvi depoimentos sobre esses desaparecimentos e o encontro de valises de Eucatex nos rios do Mato Grosso, com os objetos do trabalhador, interpretado como indício de assassinato e roubo de que foram vítimas na escravidão.

Esse não capitalismo está, no meu modo de ver, não só nas economias não capitalistas, mas também nos setores não capitalistas ou nos subcapitalistas do processo do capital. Aqueles em que o trabalho é minimizado na remuneração e em que o trabalhador não participa em relação ao que carece senão como sobrexplorado.

Capitalismo e escravidão na sociedade pós-escravista

Na perspectiva da militância e do militante das ações contra o trabalho escravo e na da sua compreensão geralmente limitada e insuficiente do que é essa escravidão, a explicação sociológica dos fundamentos desse trabalho não interessa, pois reduzem a relação laboral à injustiça de suas expressões dramáticas e à evidência moral da injustiça. Daí a facilidade com que o propriamente sociológico é anulado, apagado, ignorado sob o acobertamento da satanização do pesquisador, confissão de ignorância e incapacidade para realizar a análise propriamente científica.

Quando se pôs o problema da abolição da escravatura, em 1850, o Estado brasileiro fez várias tentativas de "inventar" um modo alternativo de substituir o escravo. De certo modo, as diferentes fórmulas giraram em torno da servidão temporária. Um experimento concreto nesse sentido foi o dos *"coolies"* chineses.

Não deu certo porque o núcleo agroeconômico da questão do trabalho era a economia do café. O tipo de agricultura que os chineses conheciam era a do chá, uma delicada agricultura de jardinagem. As coisas evoluíram no sentido do regime de empreitada, em que o trabalhador e sua família são, na prática, empregados de si mesmos, sem direitos propriamente trabalhistas. Tratava-se de um campesinato sem propriedade da terra, pois o acesso a ela dependia da formação de pecúlio próprio.

A Lei de Terras, ao definir o regime de propriedade, transformou a terra em equivalente de capital, acessível mediante compra. Diferentemente do regime sesmarial, em vigor até às vésperas da Independência e desde então suspenso até a Lei n.601, de setembro de 1850.

José de Souza Martins

Era o caso do regime de colonato nas plantações de café. O colono recebia moradia, o respectivo quintal e nas terras não utilizadas pelos cafezais o direito de fazer sua própria roça de alimentos, como feijão e milho. Ou o de cultivar gêneros de sua dieta, como o feijão, entre as leiras do café. Pagava em trabalho a renda da terra, com o trabalho no cafezal. Caso do colonato em São Paulo.

No regime de barracão, na Amazônia, na economia da borracha, a situação era a mesma: o seringueiro como freguês do barracão, da casa-grande. E, nessa condição, sempre endividado. Esse é o núcleo das relações de trabalho não assalariado que caracterizou o advento do trabalho livre no Brasil. E se prolonga, sob formas diversas e extremas, como nos casos de trabalho doméstico não pago, em que, na mera troca de trabalho por comida e alojamento, a empregada paga para trabalhar.

Capítulo III
Escravidão: um problema de sociologia do conhecimento

A escravidão no Brasil da atualidade nem reproduz a escravidão histórica, que entre nós se estendeu oficialmente até o 13 de maio de 1888, nem tem sido propriamente a mesma ao longo do tempo que logo chegará ao século e meio do período pós-escravista. De várias formas tem persistido, ajustada ou reinventada de acordo com as circunstâncias. Isto é, conforme as condições socialmente minimizantes da reprodução ampliada do capital no modelo subdesenvolvido de capitalismo, que é o nosso. Um capitalismo de insuficiências, sempre aquém do que pode ser, com setores de forças produtivas muito desenvolvidos, anomalamente combinados com setores econômicos atrasados, retidos em condições ainda de tempos pretéritos do desenvolvimento brasileiro.

Não se trata de mero atraso econômico. As relações sociais, a mentalidade, o modo de vida, as crenças, tudo retido no meio do caminho da história social, política e econômica. Com uma característica sociologicamente surpreendente, que nega completamente a ideologia do progresso, inscrita na bandeira e nas fantasias do povo brasileiro. A começar da ideologia do pro-

121

gresso econômico sem progresso social e político, que define o marco dos nossos tormentos e das nossas carências sociais.

A escravidão atual é consequência e causa dessas anomalias, no círculo vicioso que as caracteriza. É ela uma modalidade de exploração do trabalho baseada numa peculiar desumanização do trabalhador, diversa da que foi própria do escravismo do escravo-mercadoria, embora chegue com frequência, na atualidade, a essa característica da escravidão. Sua forma e intensidade, a violência que a caracteriza e a circunstância em que ocorre, variam em função de um conjunto de fatores e determinações decorrentes da função variável que a anomalia do trabalho cativo desempenha na economia.

De modo algum é a mesma em todos esses momentos, embora seja sempre um modo de exploração não paga do trabalhador por seu trabalho. Isto é, pela redução do ganho do trabalhador a menos que o mínimo necessário à sua reprodução e à de sua família; à sua reprodução como força de trabalho para o capital. Nesse modelo de economia varia, em primeiro lugar, o nível da exploração do trabalho: o que apenas garante a reprodução do trabalhador e o que vai além dela, o que a ultrapassa, sua sobre-exploração. Indicativo de uma tendência à transformação do trabalho sobre-explorado em trabalho escravo, que tem acontecido cada vez mais.

Mas variam, também, os meios e as características de preservação da identidade de quem trabalha ou, nos casos mais graves, de sua corrosão. Quando na relação laboral surgem evidências de degradação e de que a exploração não se reduz nem se limita ao que é econômico, já se trata de escravidão e de retrocesso social, involução, no plano formal das relações de trabalho. Mas não é aí que o processo de degradação do tra-

Capitalismo e escravidão na sociedade pós-escravista

balhador se esgota. O mesmo processo é, na aparência, o que não é na realidade profunda e invisível: esforço e sacrifício do trabalhador temporariamente escravizado para preservar a vitalidade e a sobrevivência do seu grupo de referência social, afetivo, cultural e parental, a família e a comunidade, o avesso da servidão.[1] No mundo rústico, o da margem dos poderes e poderios, o comunitário é çontrapontístico e imaginariamente invertido, é o avesso, insubmisso e superador.

Um detalhe que não tem sido considerado nas pesquisas e estudos sobre o tema é que, na linha da relevância da realidade comunitária de origem do trabalhador escravizado, a concepção de trabalho é antropologicamente muito diversa da considerada tanto pelos pesquisadores quanto pela mídia quanto pelos agentes do Estado.

Numa pesquisa-participante, ou pesquisação, realizada de abril a outubro de 1982, por trabalhadores rurais do que é hoje o estado de Goiás, promovida pelo Regional Goiás Centro-Sul da Comissão Pastoral da Terra, projeto de que fui um dos

---

1 O comunitário na sociedade brasileira não é simplesmente o local e localista. É um modo comunitário de vida, de pensar e de viver a vida, de imaginá-la e de recriá-la nos rituais de sua reiteração e de sua significação, como cultura e consciência social, como oposto daquilo que o nega. Cf. Candido, *Os parceiros do Rio Bonito: estudo sobre o caipira paulista e a transformação dos seus meios de vida.* Esse mundo e esse modo de ser e de viver está ricamente reconstituído na antropologia de Carlos Rodrigues Brandão. Entre seus numerosos e densos livros a respeito, cf. *Os caipiras de São Paulo; Plantar, colher, comer: um estudo sobre o campesinato goiano; Diário de campo: a antropologia como alegoria; Memória do sagrado: estudos de religião e ritual; Crença e identidade: campo religioso e mudança cultural; A cultura na rua; O trabalho de saber: cultura camponesa e escola rural; O saber, o cantar e o viver do povo.*

assessores, os trabalhadores-pesquisadores identificaram mais de cem categorias diferentes de trabalhadores rurais. Na troca de ideias entre eles, para se conceituar e construir o relato da pesquisa, ficou evidente que o conceito de trabalhador rural dos "de fora" tinha pouquíssima relação com a concepção que a respeito de sua categoria eles próprios tinham.

A começar da peculiar definição a respeito do que é trabalho. Todas as atividades cotidianas de cada um no interior da família, como obrigação de família, eram consideradas trabalho. Até mesmo as obrigações de estudo das crianças na escola. Porque o trabalho na roça começa desde muito cedo. Os que podem fazer esse trabalho e estão fazendo outra coisa, como estudar, estão trabalhando porque o fazem como dever substitutivo do que é trabalho. E trabalho não é uma categoria abstrata e genérica, mas o trabalho concreto relacionado com a função final de seu produto. Basicamente, o trabalho é obra da família e não propriamente de cada uma das pessoas que dela fazem parte. Estudar é um bem de família, que se explica pelo lugar de cada um na divisão familiar do trabalho. Família é uma teia e unidade de obrigações, uma comunidade de deveres recíprocos e não uma coleção de indivíduos e de individualismos.

É nesse sentido que a família sertaneja e seu espírito comunitário constituem o sujeito de referência do trabalho escravo. É nela que está a carência subjetiva de retorno ao corpo comum, o corpo social invisível na efetiva situação de trabalho fragmentado em cativeiro. É pela família que o trabalhador se torna peão do trecho, que ele se ausenta para voltar, e sua demora indica situação social incerta, mas não corrói o sujeito social que ele é, o do corpo familiar que é o dos seus.

Capitalismo e escravidão na sociedade pós-escravista

A história de Dona Pureza Lopes Loyola, de Bacabal (Maranhão), é, nesse sentido, emblemática. Eu a ouvi em Goiânia, há muitos anos, a narrar sua saga de busca do filho pelo sertão, aliciado para trabalhar no que ela descobriu ser trabalho escravo. O filho que não voltava. Nessa busca, pelo caminho, ela observou e documentou as condições do cativeiro dos peões subjugados porque endividados. Foi cozinheira de uma dessas fazendas para tentar localizar o filho. Ela fez uma rica e dolorosa etnografia da escravidão por dívida, narrada no filme *Pureza*, que foi feito a respeito de sua história por Renato Barbieri e Marcus Ligocki, em 2022.[2]

Nas ciências sociais, na tradição do pensamento crítico, no estudo de problemas como esse, o pesquisador é desafiado a ir além das quantificações, que simplificam a concepção de trabalho e dominam a denúncia necessária e o denuncismo que escandaliza, mas não se propõe no marco de superação dos fatores da injustiça que representa. Combater a escravidão atual só tem sentido na referência de uma práxis de superação do modo de produzir e de viver de que ela resulta e em que se manifesta.

Isso abrange a explicação dos fundamentos e das limitações das narrativas reduzidas ao que é impressionista e ao que é entendimento supérfluo do que pede mais do que mera notícia de uma situação ou de uma ocorrência. O pensamento crítico é também desconstrutivo e, nesse sentido, é técnica integrante do método no âmbito da sociologia do conhecimento, a que explica o modo de narrar e sobretudo o de explicar.

---

2 Cf. *Pureza* (2022), dirigido por Renato Barbieri e Marcus Ligocki, Gaya Filmes Ligocki.

Decifrar sociologicamente o que é a anomalia do trabalho escravo hoje abrange explicar outras anomalias, como as de sua descrição e de sua interpretação, os diferentes modos de concebê-la para compreendê-la. Sobretudo os enganos inconscientes dessas concepções, na medida em que, no geral, não correspondem ao que na ciência é explicativo e propriamente científico.

O pensamento crítico busca situar sociologicamente a narrativa de um autor, seja de informações seja de interpretações, para expor-lhe o conteúdo e nele o que deixa de conter. Desse modo, reconstituir como e por que determinado problema foi formulado, situado, e explicado de determinado modo, insuficiente e inacabado. É o que me proponho neste livro. Indicar a superação crítica das simplificações.

Nesse sentido, ser autor de interpretação sobre a escravidão atual implica demarcação de lugar e tempo dos fatos e ocorrências. Pede-lhe que reconheça a importância metodológica das diferenças enormes e significativas, sociológicas e históricas, que tem aqui havido na prática da escravidão entre diferentes momentos e diferentes lugares.

A escravidão atual é evidência de historicidade, de que é ela mediação e determinação. A pesquisa sobre esse tema, se reduzida à mera acumulação de dados, só tem relevância explicativamente se for além do espetáculo doloroso da injustiça e do sofrimento pessoal e social, o qual decorre de uma economia que se expressa na variante que usa e explora o trabalhador e ao mesmo tempo o consome e exclui. Negação absoluta do que é teoricamente próprio do capitalismo que é reproduzir o trabalhador para nele reproduzir-se. Fazer do trabalhador membro da sociedade que existe através do capital e das possibilidades do capital, criadas pelo trabalho.

Capitalismo e escravidão na sociedade pós-escravista

O capitalismo teve e tem sua legitimidade singular no desenvolvimento econômico com desenvolvimento social, quando ganha às custas da exploração do trabalho e ao mesmo tempo desenvolve estruturas de distribuição social da riqueza dela resultante. No marco, como é sabido, da acumulação necessária à reconstituição do capitalismo enquanto ele não cria necessidades radicais que tornem a transformação social uma inevitável carência transformadora. Esse é o cenário do equilíbrio socialmente instável que assegura a continuidade do capitalismo, o da reconstituição política contínua, incessante, desse equilíbrio: negociar para sobreviver. Ou, se as necessidades sociais não são atendidas, se as necessidades se tornam radicais, transformar ou revolucionar a sociedade de modo que ela se revele como é, como obra social, de todos.

Na verdade, as realidades sociais são históricas, datadas e cambiantes, em que determinado momento e situação alteram as condições de outro e subsequente momento. Nem mesmo as formas sociais se repetem, diferençadas por sutis discrepâncias entre um momento e outro.

A própria espacialidade dos modos de exploração do trabalho não se expressa numa geografia de imobilismos. Porque não é ela uma questão geográfica. Em estudos sociológicos e antropológicos de temas como esse, o da escravidão atual, a referência espacial não é, porque mutilante e restritiva, nem pode ser, a do território da definição geográfica, que um autor eventualmente adota. Referência comum em estudos sociológicos e antropológicos, como os de estudos de comunidade, no entanto há neles uma subjacente concepção de territorialidade não geográfica. Em que, de diferentes modos, movem-se os diferentes e contraditórios protagonistas das ocorrências e do processo histórico. Há nela a invisibilidade das mediações que lhe dão sentido. Nessa territorialidade, há diferentes geografias sobrepostas. O pesquisador, ao adotar uma delas, a geografia ideológica de seus interesses, que não são necessariamente os das vítimas da escravidão que o motiva, mutila a síntese dialética das determinações que a explicam, a que Marx se refere numa de suas definições do método.[3]

O espaço tem sua função não geográfica no processo do capital.

A vasta expansão territorial do capital, em direção à Amazônia Legal, modificou significativamente a própria realidade do capitalismo brasileiro, que fora interpretativamente imobilizado nas simplificações do marxismo vulgar. O capitalismo conceitual só existia e só existe nos rótulos ideológicos que dão nome ao que nome não tem, porque mal conhecido, prisioneiro das toscas formulações de uma militância que não se traduziu em teoria e, por isso, nem em práxis. Campo em que teria a clareza interpretativa capaz de expor ao militante o sentido de sua militância.

Realidades sociais que mudam, mudam também o sentido das palavras que, por terem deixado de dizer o inteligível, pedem reconceituação. Elas são referências conceituais de orientações interpretativas e da sociologia do conhecimento de senso comum e mesmo do conhecimento científico. Então, são também matéria-prima de reelaborações teóricas e da consciência científica da sociedade.

Essa perspectiva é um ponto de partida para compreender episódios e momentos de mudanças, de rupturas e de saltos

---

3 Cf. Marx, *Contribution a la critique de l'economie politique*, p.165.

Capitalismo e escravidão na sociedade pós-escravista

históricos. Um deles, em nossa história relativamente recente, deveu-se à engenharia do poder, no regime militar, que promoveu profunda transformação no capitalismo daqui. Com a modernização da política fundiária e sua associação com a política de incentivos fiscais que estimularam a transformação do grande capital em proprietário de terra, articulou e concretizou a associação entre duas realidades estruturalmente antagônicas: o capital é produto de trabalho social acumulado em mãos privadas. A tendência é a de seu crescimento. A terra é elemento natural, finito, que não pode ser reproduzido e é, portanto, insuscetível de crescimento.

Um capitalista, para utilizar de modo capitalista a terra, deve pagar um tributo, uma renda, ao proprietário de terra, mesmo que pague a renda a si mesmo se o proprietário for ele. No agronegócio o empresário é um ser bifronte, duas personificações numa só pessoa, capitalista e proprietário de terra, duas lógicas econômicas antagônicas. Enquanto proprietário, o que ele recebe é uma dedução e diminuição de seu capital produtivo, por mera licença de uso que ele pode obter de um proprietário de terra estranho a ele.[4] São realidades que mesmo juntas se movem em direções antagônicas. Uma em direção ao futuro e outra em direção ao passado.

Não é necessariamente raro que isso aconteça aqui no Brasil. Há países em que o arrendatário, o empresário, é uma classe social, o que torna o capitalismo mais racional e mais funcional. Aqui é um modo de instituir as bases de um capitalismo rentista, tolhido pela renda fundiária e, desse modo, blo-

---

4 Cf. Marx, *El capital: Crítica de la Economía Política*, t.III, passim.

queado ao progresso, à democracia e à cultura da pluralidade e da diferença.

Bloqueado também à vitalidade socialmente criativa do conflito. Um capitalismo que ergueria, como ergueu, uma barreira poderosa à conflitividade que abre horizontes e revela possibilidades de transformação social é um capitalismo de bloqueio político às inovações necessárias ao desenvolvimento. Porque é na naturalidade social do conflito que os desvalidos e injustiçados se transformam em voz política e corrigem as deformadas omissões da representação política e do desenvolvimento social.

Algumas das áreas em que esse capitalismo peculiar se difundiu e implantou seus alicerces transformaram-se em baluartes do comprometimento profundo e do empobrecimento da democracia no Brasil.

A Amazônia foi e tem sido peça essencial nessa articulação e o trabalho escravo o fator do lucro extraordinário que a viabilizou, com todas suas decorrências retrógradas, como a criminalidade fundiária, os assassinatos de trabalhadores e de agentes da civilização, como padres, freiras, agentes de pastoral, agentes sindicais.

Nos países propriamente capitalistas, o capital se opôs à propriedade da terra, de origem pré-capitalista, e a enquadrou para suprimir o ônus da renda fundiária à sua reprodução ampliada. Aqui, ao contrário, capital e terra se carecem e se carecem reciprocamente, condição do nosso subcapitalismo e suas iniquidades. Essa é a nossa diferença em relação ao capitalismo moderno e autêntico. Nosso atraso econômico, social e político tem alicerces sólidos e peculiares.

A compreensão dessa característica estrutural do capitalismo brasileiro, e, nele, a necessidade funcional, ainda que irra-

Capitalismo e escravidão na sociedade pós-escravista

cional, do trabalho escravo, depende de ciência e não apenas de indignação com a injustiça que representa. Depende de ter em conta que, nas ciências da sociedade, o real é o todo. E as contradições são contradições constitutivas desse todo, de sua dinâmica, de seus possíveis e, também, contraditoriamente, de seus bloqueios e de suas ideologias que distorcem a compreensão da realidade social para fundar a subserviência do conformismo necessário à ordem.

É na totalidade pressuposta no movimento social e histórico, que ela engendra e lhe dá sentido, que está o fundamento do possível, o desafio que possibilita a práxis transformadora que faz do ser humano protagonista e autor de sua própria história, a das superações das carências que o tolhem. Não só do necessário à sobrevivência, mas também a carência de sentido para viver, carência de um modo de vida transformado e libertado das mediações de sujeição das pessoas, a mediação da escravidão e a mediação da alienação.

A negação que aí se expressa só tem sentido na negação da negação, a da superação, à luz da práxis teorizante que ilumina e transforma, a que viabiliza a descoberta e a realização do historicamente possível. No desvendamento das incongruências e equívocos da interpretação da realidade que decorre do voluntarismo. A que nega na prática a dimensão da práxis que reverte a ação política que, só assim, se torna ação coletiva socialmente transformadora.

É isso a que se propõe e faz a sociologia desconstrutiva, instrumento da descoberta das incoerências e fragilidades da certeza ideológica e antidialética de um mundo concebido como de duas metades antagônicas. Nesse antagonismo, há apenas reiteração, repetição, do que já é ainda que pareça outra coisa.

O capitalismo territorial, que se estendeu pela Amazônia principalmente naquela época, revelou aspectos problemáticos e contradições do capitalismo dos quais os teóricos, de modo geral, não haviam cogitado. A Amazônia, como referência interpretativa, no meu modo de ver, tem sido um desafio teórico nem sempre compreendido. E tem tido, para as ciências sociais, a função metodológica do que Lefebvre define como analisadora-reveladora, sobretudo porque sua diversidade cultural e humana questiona todo o tempo o pesquisador que a ela se dedica.[5]

Isso acontece em boa parte porque suas populações simples são guardiãs de tradições culturais muito mais ricas e diversificadas do que ocorre com a população urbana brasileira, limitada ao linearismo redutivo do quantitativo e do aparente, do calculável. Em nossa cultura urbana não há mistério a desvendar nem há curiosidade em conhecer o que não se sabe que somos. Não há uma estética do falar, como a que há nos núcleos de populações que ainda falam variantes de um português corretíssimo, como o do Nordeste. Sobretudo do Maranhão, em que as populações da roça ainda falam a mesma língua barroca e bela dos sermões do Padre Antônio Vieira, que lá viveu. Onde a beleza e o rebuscamento do falar, o estilo, fazem parte das significações da fala.

Nas ciências sociais é mais frequente do que parece que o homem simples e comum, o sertanejo, o caipira, o mameluco, o indígena seja dotado, por isso mesmo, de rico conhecimento da realidade em que vivem. Há uma sabedoria enorme nas pes-

---

5 Cf. Lefebvre, *La Survie du capitalisme: la re-production des raportes de production*, p.16; Lefebvre, *De l'État*, t.IV, p.232.

Capitalismo e escravidão na sociedade pós-escravista

soas consideradas simples embora indevidamente não reconhecidas como sábias.[6] De uma outra e mais complexa sabedoria.

Claude Lévi-Strauss, fundador da Cadeira de Sociologia na Universidade de São Paulo, em sua expedição de pesquisa, ao norte do Mato Grosso, conversava com um xamã de uma tribo da região. Pedira-lhe que lhe narrasse mitos de sua tribo. No meio da narrativa o grande antropólogo deu-se conta que estava ouvindo uma narrativa estrutural, perfeitamente lógica, com regras precisas. Naquela conversa, o encontro do sábio acadêmico com o sábio tribal deu origem e sentido a um novo campo do conhecimento científico, o do estruturalismo de Lévi-Strauss.

É nesse sentido que decifrar as singularidades da escravidão por dívida, a forma extrema de extração da mais-valia de quem trabalha, permite compreender o que é o capitalismo de ocultas contradições e da unidade do diverso. Não apenas a escravidão.

Última fronteira do mundo, a Amazônia foi e é ainda um verdadeiro laboratório de revelações sobre o capitalismo conhecido apenas em parte e insuficientemente. O marxismo vulgarizado, que muitos adotam, não permitiu nem permite compreender o capitalismo problemático que nela ganha suas peculiaridades. Mutilou a própria obra de Marx, reduzindo-a ao binário de capital e trabalho, deixando de lado um aspecto essencial de *O capital* e de toda a obra de Marx, a renda da terra

---

6 Cf. Coelho, A cultura mental do analfabetismo e Atraso na cultura em não analfabetos, in Coelho, *Obra etnográfica*, v. II (Cultura popular e educação), respectivamente p.253-71 e p.273-99; idem, *Cultura popular e educação*, p.251 e ss.; Martins, *Uma sociologia da vida cotidiana*, p.141-58.

e, portanto, o caráter trinário do processo do capital e, por extensão, o método trinário da dialética marxiana. Que é, metodologicamente, a que deve ser levada em conta no estudo do trabalho escravo contemporâneo; o estudo de uma característica do capitalismo de periferia, que contém, em suas contradições e bloqueios, as complexas condições do desvendamento da possibilidade e da dificuldade de sua superação. Essa é a questão. O que pode a política e a militância em face de uma situação como essa? O voluntarismo não move a história nem o conhecimento da história social.

A militância que dele decorre é, no geral, justificada pelo pressuposto de que é do capitalismo que resultam os problemas sociais e humanos que a justificam e movem. Mas capitalismo não é só um nome, ou um conceito, cuja dinâmica é supostamente transparente ao senso comum do militante. Capitalismo é uma realidade social transparente no supérfluo e oculta no essencial. Ele se viabiliza pelas ocultações que o legitimam e viabilizam. É uma estrutura de relações sociais de referência que, por sua vez, expressam e configuram um processo social historicamente determinado, o não repetitivo e transformador oculto no repetitivo e estrutural.

É, também, uma modalidade de falsa consciência social necessária para que, no engano que representa, possa cumprir a função histórica que lhe cabe, a de acobertar a realidade da exploração do trabalho, fazendo-a passar, na consciência do trabalhador, por aquilo que parece ser e não por aquilo que de fato é.

Numa perspectiva antropológica, como a de Neide Esterci, pioneira na pesquisa sobre a escravidão atual, ela identificou na fala da vítima do trabalho escravo a consciência popular des-

Capitalismo e escravidão na sociedade pós-escravista

critiva do cativeiro.[7] Ainda que não considere que nessa fala se expresse a consciência propriamente social nas revelações do que é uma etnoantropologia popular de desvendamentos. As que há nas categorias de definição de trabalho e de trabalhador na circunstância de uma relação laboral de escravização.

Fora das possibilidades interpretativas reveladoras do oculto e sua conexão com as visibilidades da superfície, próprias do método dialético, essa etnoantropologia conforma-se com a subjetividade do trabalhador. Ao cientista cabe ultrapassá-la, interpretativamente, valendo-se das preciosas indicações, pré-interpretativas, que oferece. A sociologia é sempre uma sociologia do conhecimento, tenha como material de referência o conhecimento erudito ou o conhecimento popular.

A questão sociológica que assumo em minhas análises sobre o campo, e, em particular, sobre a Amazônia, é esta: por que, com todo um aparato de desenvolvimento capitalista, as relações de trabalho, num momento do processo econômico, não são formalmente capitalistas? Por que, com todo o poderoso protagonismo do Estado e do capital, o capitalismo se expande territorialmente com base em relações de trabalho de forma não capitalista e arcaica? Qual é o conhecimento que se produz em resposta a indagações como essa?

A expansão do capital, num país de economia dual e de desenvolvimento desigual, como o Brasil, e tenho mencionado, depende do lucro extraordinário, frequentemente extraído dos setores residuais e arcaicos da economia que foi absorvida e modificada pela economia dominante, preponderante, mais

---

7 Cf. Esterci, *Escravos da desigualdade: um estudo sobre o uso repressivo da força de trabalho hoje.*

moderna e de composição orgânica do capital mais alta. O que faço é explicar essas sobrevivências, formalmente irracionais, que se expressam em diferentes modos de explicá-las ou de descrevê-las, e sua integração racional na economia propriamente capitalista.

A explicação depende de identificar medidas e ações que construíram uma realidade econômica e social que é, ao mesmo tempo, política. Pela lei que criou a Sudam – Superintendência do Desenvolvimento da Amazônia – e definiu o território da Amazônia Legal, a empresa subsidiada com a isenção fiscal de 50% do imposto de renda devido ficava obrigada a transformar o dinheiro dessa isenção em pelo menos 75% do capital de uma nova empresa estabelecida na região. Os restantes 25% deveriam ser capital próprio. Muitas das empresas beneficiadas pelos incentivos optaram por empreendimentos agropecuários.

Na prática dos novos empreendedores, só teria sentido a aventura empresarial amazônica se os 75% fossem aplicados como capital constante de uma composição orgânica alta do capital, isto é, de um capitalismo verdadeiro. Os novos empreendedores desenvolveram técnicas de recrutamento de trabalhadores e técnicas sociais de sua sujeição, na escravidão, para gastar menos do que o necessário para compor os 25% de capital previsto na lei. Isto é, gastando menos do que isso, para simular que eram recursos próprios os que a isso correspondiam. E desse modo, com simuladamente alta composição orgânica de capital, de fato operar como capital de baixa composição orgânica, como reiterei aqui várias vezes. Esses 25% valiam, na verdade, muito mais do que isso, pois em boa parte era trabalho não pago porque valia e vale muito mais do que com ele foi e é

Capitalismo e escravidão na sociedade pós-escravista

dispendido pela empresa. Uma descomunal doação do Estado completada com não menos significativa "doação" de trabalho não pago de camponeses pobres e miseráveis sob a forma de trabalho escravo.

A esse fator de ganho extraordinário agregaram a terra, com frequência mero título de propriedade de validade suspeita, o que levou supostos proprietários aos tribunais em disputas fundiárias em que os usuários da terra eram privados de direitos que os tribunais não podiam ignorar, mas ignoraram.[8]

Procedimentos formais que muitas vezes, no entanto, eram precedidos por atos de criminalidade fundiária, na grilagem de terras e na invasão de terras indígenas ou de terras de trabalho de posseiros pobres. E crimes contra os trabalhadores empregados no que era cruamente chamado de "limpeza de terreno" e formação das fazendas mediante despejo, expulsão e o emprego de trabalho escravo.

Eram os crimes conexos de uma trama ampla de envolvimentos, um dos pressupostos da comissão especial que coordenei, *pró-bono*, na Secretaria dos Direitos Humanos do Ministério da Justiça, em 2002, para situar e definir o trabalho escravo, suas causas, a criminalidade de que decorre e as medidas de combate ao conjunto dos crimes e sua devida punição.

---

8 "Em 2000, o governo cancelou o cadastro de 1.899 propriedades, correspondentes a 62,7 milhões de hectares de terras cujos proprietários não apresentaram os documentos relativos ao direito pretendido. Em 2006, um estudo oficial estimava que 100 milhões de hectares estavam sob suspeita de grilagem, reivindicados com base em documentos falsificados." Cf. Martins, A comissão e a questão da terra, *Valor Econômico*, 5 maio 2023, Caderno Eu & Fim de Semana, p.5.

Do perdimento da propriedade da terra em favor do programa de reforma agrária até multas e outras medidas contra o amplo elenco de crimes, de que o trabalho escravo é um dos elos decisivos.[9] Sem combater cada um dos elos, o combate à escravidão é insuficiente e frágil.

O trabalho escravo, no conjunto dos atos de violação das leis e, também, dos direitos sociais e individuais de quem trabalha, cumpre a função que dele faz momento de uma variante da acumulação primitiva de um capitalismo anômalo cuja produção é a produção de fazendas e não a produção de mercadorias, como já assinalei. Esse capitalismo não produz propriamente nada. Produz a base material do que no capitalismo de verdade será o agronegócio.

Mesmo assim, a economia dessa antessala da expansão do capital onde o trabalho escravo ocorre, como na Amazônia, no período mais intenso de sua ocorrência, o dos anos 1960-1980, explica-se por procedimentos e cálculos propriamente capitalistas sob formas não capitalistas de exploração do trabalho. O trabalho é escravo, no limite o trabalhador se torna propriedade temporária de quem se apropria de sua força de trabalho. Em alguns casos, a dívida do trabalhador escravizado tem sido herdada por filhos e outros membros de sua família.[10]

Os beneficiários da escravização dos trabalhadores e da grilagem de terras, no caso da Amazônia, aproveitavam-se e se

---

9 Cf. Presidência da República, *Plano Nacional para a Erradicação do Trabalho Escravo*, Comissão Especial do Conselho de Defesa dos Direitos da Pessoa Humana da Secretaria Especial dos Direitos Humanos/ Organização Internacional do Trabalho. Brasília. 2003.

10 Cf. Figueira et al., op. cit., p.311 e ss.

Capitalismo e escravidão na sociedade pós-escravista

aproveitam das debilidades econômicas e sociais da região e, sobretudo, do Nordeste, que lhe tem sido demograficamente tributário, para aliciar os cativos necessários a seus empreendimentos. Sabiam que poderiam gastar menos do que o necessário com mão de obra para realizar mais do que o que pagariam.[11]

Na verdade, as empresas subsidiadas não pagavam salários aos trabalhadores, que eram classificados, nas denúncias dos grupos humanitários, como escravos. Embora formalmente o fizessem, no pagamento da empreitada, através dos adiantamentos feitos pelo "gato", que é o recrutador e traficante de trabalhadores. As empresas gastavam dinheiro com o transporte, a alimentação, a hospedagem e, às vezes, as ferramentas, anotados em caderneta como dívida do trabalhador, como antecipação de salário, como fornecimentos a preços especulativos e superiores aos do mercado. Forma de lucro indireto e compensatório, em que o fazendeiro recebe do trabalhador em vez de pagar-lhe pelo trabalho que faz.

Estruturalmente, trata-se do chamado aviamento, que foi descrito em célebre trabalho de Euclides da Cunha, no período de sua permanência no Alto Purus.[12] A que se seguiram vários trabalhos essenciais para compreender os fundamentos estru-

---

11 Bauer, tomando como referência México, Peru e Argentina, sublinha a função da peonagem no recrutamento da mão de obra num "mercado imperfeito de trabalho", mas não descarta que os fazendeiros tentassem "empurrar a exploração (do trabalho) para além dos limites da lei". Cf. Bauer, Rural workers in: Spanish America: Problems of peonage and oppression, *The Hispanic American Historic Review*, v.59, n.1, Durham: Duke University Press, 1979, p.39.

12 Cf. Cunha, *À margem da história*, p.8-9.

turais da escravização por dívida, como o romance documental do escritor português Ferreira de Castro, que foi guarda-livros de um barracão num seringal do Vale do Rio Madeira, atual Rondônia;[13] no estudo de Roberto de O. Santos, juiz do trabalho no Pará;[14] na tese do sociólogo Carlos Corrêa Teixeira, nascido e criado num seringal de Rondônia;[15] no estudo de Mikel Aramburu.[16] Gente do ramo, cujas narrativas são testemunhais e documentais e empiricamente relevantes para o estudo e compreensão do problema.

Uma bem cuidada tese de Nobue Miyazaki sobre o aviamento na produção da juta, no Amazonas, apresentada e defendida na Universidade de Tóquio, em 1957, foi parcialmente traduzida para o português e publicada na revista *Sociologia*, da Escola de Sociologia e Política de São Paulo, em 1958.[17] É excepcional porque é, provavelmente, o único trabalho sobre o tema em que a autora investiga e descobre as condições so-

---

13 Cf. Castro, *A selva*.

14 Cf. Santos, O equilíbrio da firma aviadora e a significação econômico-social do aviamento, *Pará Desenvolvimento*, v.3, Idesp, Belém, 1968, p.9-30.

15 Cf. Teixeira, *Servidão humana na selva: o aviamento e o barracão nos seringais da Amazônia*.

16 Cf. Aramburu, Aviamento, modernidade e pós-modernidade no interior amazônico, *Revista Brasileira de Ciências Sociais*, v.09, n.25, São Paulo, maio 1994, p.1-15. Disponível em: <http://www.anpocs. com/images/stories/RBCS/RBCS25/rbcs25_09.pdf>. Acesso em: 25 abr. 2018.

17 Cf. Miyazaki; Ono, O aviamento na Amazônia: Estudo sócio-econômico sobre a produção de juta (I), *Revista Sociologia*, v.20, n.3, São Paulo, 1958, p.366-96; idem, O aviamento na Amazônia: Estudo sócio-econômico sobre a produção de juta (II), *Revista Sociologia*, v.20, n.4, São Paulo, 1958, p.530-63.

Capitalismo e escravidão na sociedade pós-escravista

ciais da superação da sujeição no regime do aviamento, que se realiza em situação social de autonomia, mediante compra de terra de quem lhe compra a força de trabalho.

Pergunto-me se não há, em muitos de nossos estudos sobre o tema, uma omissão explicável, por deficiência de orientação teórica e de pesquisa, quanto a formas reais de superação socialmente construtiva da situação de cativeiro. O pesquisador desavisado acaba "vendo" na realidade observada o que os valores sociais de seu senso comum lhe dizem que deve ser visto. Esse é um tema referencial da sociologia. Hans Freyer adverte que "só vê algo sociologicamente quem quer algo socialmente".[18] Isto é, quem pensa na perspectiva da alteridade o outro que todos somos. Mas não se trata de um socialmente querer o da pessoa desprovida da formação científica necessária ao desvendamento das mediações e das estruturas sociais ocultas que dão sentido àquilo que é percebido, na definição metodológica e teórica de Henri Lefebvre.[19]

Na perspectiva dialética, as superações são constitutivas da realidade social. A superação socialmente transformadora pode ocorrer nas relações escravistas? Qual é o historicamente possível dessa relação de trabalho? Ela existe ou se dá na realização meramente capitalista da relação não capitalista de produção?

---

18 Cf. Freyer, *La sociología ciencia de la realidad*, p.342.

19 Em sua pesquisa sobre o espaço urbano, Lefebvre ressalta a tridimensionalidade do espaço percebido, do espaço concebido, do espaço vivido, a superposição de espacialidades, que é também de temporalidades, cuja explicação sociológica decorre do seu método regressivo-progressivo, dialético, um método triádico oposto ao dualismo do marxismo vulgar. Cf. Lefebvre, *La revolución urbana*, p.11; idem, *O direito à cidade*, p.39, 49 e 100.

É ela apenas um vir a ser do capitalismo? Depende: o vir a ser não significa o descarte do ter sido, mas o fui que ainda sou porque espero o que posso ser.

No longo período de mais de meio século da grande convulsão no campo, aqui no Brasil, que aparentemente se esgota, os grupos de referência das vítimas eram e têm sido grupos familiares e comunitários. E não o proletariado do direito trabalhista e dos sindicatos. Os movimentos sociais pré-políticos dessa população têm estado centrados na utopia de um retorno que é o do advento de uma era de fartura, justiça e alegria.[20] Uma utopia joaquimita, que expressa o profetismo de Gioacchino Da Fiore, monge calabrês cistercense do século XII, cujas ideias se difundiram em Portugal pela ação da rainha Santa Isabel e, por meio das Santas Casas de Misericórdia, chegaram ao Brasil já no século XVI.[21]

---

20 Cf. José de Souza Martins, *A chegada do estranho*, cap.II. José César Gnaccarini, num dos melhores trabalhos brasileiros sobre as formas não capitalistas de trabalho no regime escravista e nas relações de trabalho pós-escravistas, sobretudo na cultura do café e, depois, na cultura da cana-de-açúcar em São Paulo, refere-se a que a "socialização do trabalhador em cada uma dessas configurações socioculturais confere a essas categorias sociais interesses distintos e uma consciência social específica". De que deduz o autor: "Aliás, neste caso, a virtualidade de se jungirem às origens sociais anteriores reside na possibilidade efetiva de retornarem à produção doméstica de que provêm, de tal modo que toda a sua existência na sociedade capitalista inclusiva fica motivada pela aspiração ao regresso". Cf. Gnaccarini, *Latifúndio e proletariado: formação da empresa e relações de trabalho no Brasil rural*, p.108.

21 Cf. Crocco, *Gioacchino Da Fiore e il Gioachimismo*.

Capitalismo e escravidão na sociedade pós-escravista

Os nossos movimentos milenaristas têm essa raiz, foi assim em Canudos e no Contestado. Episódios trágicos de antagonismos radicais de sujeitos coletivos situados em tempos históricos muito distantes entre si: os místicos de uma era pretérita de esperança e medo do tempo apocalíptico do fim próximo do milênio, e o Exército de um presente equivocado, o de uma República que não expressava a realidade de pobreza e desigualdade profunda do povo brasileiro. Não foi, por isso, uma guerra justa. Povoados de adobe e pau-a-pique destruídos a tiros de canhão.[22]

Na dialética lefebvriana, num mundo que se transformou, que se insurge contra o homogêneo e a homogeneização das poderosas tendências históricas determinadas pela lógica quantitativa da mercadoria e do dinheiro, o qualitativo e a diferença são insurgentes, reveladores e transformadores.

No caso dos grupos comunitários, os camponeses, entre os quais os sem-terra, são eles personagens desse mundo que o capital combate, reduz, marginaliza e tenta inviabilizar motivado pelo engano de que assim vai modernizá-los — excluí-los para integrá-los, reduzi-los a zero para "fazê-los" de novo. Mas eles não são apenas um rótulo, um conceito. São uma cultura, uma vontade, um querer, um questionamento, uma contradição na falsa harmonia do crescimento econômico que nega o todo da condição humana.

---

22 Numa praça de Monte Santo (Bahia), ao lado de uma escultura de Antônio Conselheiro, hoje monumento da Guerra de Canudos, o canhão, de fabricação alemã, é significativamente conhecido como "Matadeira". Um símbolo de morte, como monumento de um genocídio pelo qual os autores até hoje não pediram o devido perdão.

O que parece um retorno a uma era vencida, ganha outro sentido como uma das diferenças sociais legítimas da pós-modernidade. Um resíduo superador das contradições que lhe deram origem, como as que dão lugar ao trabalho escravo, que se situam na possibilidade do que Lefebvre define como coalização dos resíduos, o incapturado e o incapturável da silenciosa insurreição contra os poderios e opressões representados pela exclusão social.[23] O campo, que é o comunitário, mesmo desenraizado, resiste, preserva valores e uma visão de mundo que nega espaço e lugar à privação de história e de destino. Mesmo deslocado o trabalhador para o urbano por meio das migrações, essa resistência perdura no imaginário do retorno cíclico e ritual ao lugar de origem[24] ou nas buscas de uma sociabilidade comunitária substitutiva, como a das igrejas. Pelo menos uma geração inteira resiste à dessocialização desafiadora que há no modo de vida da urbanização patológica. A que cria o tipo humano do ausente, mesmo estando lá. No Brasil, o trabalho escravo se situa sociologicamente no âmbito das migrações, no vaivém da incerteza própria, e sobretudo do desenraizamento temporário.[25]

---

23 Cf. Lefebvre, *Métaphilosophie*, especialmente p.152 e ss.; idem, *La vida cotidiana en el mundo moderno*, p.228.

24 Cf. Moura, *A Festa de Nossa Senhora do Rosário do Serro*; "A morte de um rei do Rosário", in: Martins (org.), *A morte e os mortos na sociedade brasileira*, p.228-46.

25 "Migrar temporariamente é mais do que ir e vir – é viver, em espaços geográficos diferentes, temporalidades dilaceradas pelas contradições sociais. Ser migrante temporário é viver tais contradições como duplicidade; é ser duas pessoas ao mesmo tempo, cada uma constituída por específicas relações sociais, historicamente definidas; é viver como presente e sonhar como ausente. É ser e não ser

Capitalismo e escravidão na sociedade pós-escravista

Vários são os autores que recortam especificamente os casos de cativeiro atual para analisá-los. Deixam de lado, no entanto, as conexões que fazem da relação laboral uma relação inteira, que se estende para fora do local de trabalho. E que só se completa no que é o objetivo não apenas de quem explora o trabalhador, mas também de quem trabalha, isto é, quando a mercadoria nessas condições produzida se realiza no mercado.

A realidade social do trabalho ultrapassa muros e cercas e se desdobra para fora da tutela, até mesmo a violenta, da relação de trabalho. É nesse âmbito que o imaginário do trabalho, abrigo da utopia, pode se desenvolver como imaginário social do trabalhador. Mesmo na escravidão direta e dos recintos de confinamento que eram as senzalas, havia um espaço imaginário que abrigava a consciência clandestina dos cativos. Infelizmente, um tema muito pouco estudado.

O trabalhador da relação escravista não é simplesmente o indivíduo considerado nas investigações da Fiscalização do Trabalho e nas estatísticas da Comissão Pastoral da Terra, mas o sujeito social da escravidão que é sua família e não apenas ele. Portanto, ele é personagem de uma trama de relações não só de trabalho, distribuídas espacialmente, ele no lugar de sua vitimação e sua família muito longe, dissociado dos vínculos cotidianos de seu modo de vida. Frequentemente, os trabalhadores escravizados da Amazônia procedem do Piauí e do

---

ao mesmo tempo; sair quando está chegando, voltar quando está indo. É necessitar quando está saciado. É estar em dois lugares ao mesmo tempo, e não estar em nenhum. É, até mesmo, partir sempre e não chegar nunca." Cf. Martins, *Não há terra para plantar neste verão*, Petrópolis, 1988, Vozes, p.45.

Maranhão, mas não só, enviados para as áreas de trabalho escravo, temporariamente, por motivos de sobrevivência da família, como tenho observado.

Com o capitalismo, o trabalho individual torna-se social porque é trabalho coletivo, baseado na divisão social do trabalho. É nessa perspectiva que as diferentes formas de exploração do trabalho são apenas momentos do processo de valorização do capital. A extração da mais-valia não é usurpação do trabalho de um trabalhador isolado. Mas usurpação de trabalho social, que, porém, é um bem de família.

No caso das formas de trabalho escravo que ocorrem no Brasil, a usurpação do trabalho social que já ocorria antes do capitalismo inventar a sua, a salarial, disfarçada sob o pressuposto da igualdade da compra e da venda da força de trabalho. Como aconteceu em todas as partes, as formas tradicionais e pré-capitalistas de organização do trabalho tiveram o seu trabalho social incorporado à massa de trabalho social do próprio capitalismo, como venho mostrando neste livro.

O mundo rural brasileiro ainda é, de vários modos, um mundo familista, vicinal e comunitário. Sua concepção do que é social e do que é trabalho social não é a da moderna socialidade do dinheiro. É outra, outra lógica. O estudo da escravidão por dívida, dos originários desse mundo, só é sociológica e, portanto, explicativamente correto se levar em conta a totalidade que dá sentido às relações sociais, visíveis e não visíveis, e, também, à sua dimensão antropológica. O que não quer dizer simplesmente reconstituir as significações do vocabulário popular a respeito do trabalho.

O fato de que a escravidão por dívida envolva especialmente jovens, que deixam temporariamente a família nas regiões de

Capitalismo e escravidão na sociedade pós-escravista

origem, como modo de aliviar o peso negativo de bocas a alimentar em período de entressafra, é o indício de que tentam superar socialmente o cativeiro na persistência da agricultura familiar e suas possibilidades. O cativeiro do trabalhador pelo capital é a mediação e contradição da reprodução social dessa agricultura e do seu modo de vida.

O recorte da escravidão por dívida e seu destaque como momento privilegiado e descolado do processo do capital, em muitos dos estudos sobre o tema, mutilam a realidade observada. Mais esconde do que revela. Retira-lhe as mediações e indicações sociais, as da totalidade concreta que a define e lhe dá sentido e lugar no processo histórico do capital, que possibilitam a interpretação dialética da "escravidão contemporânea". O que é observado e descrito, em frequentes textos de arrolamento quantitativo e impressionista das ocorrências, pode não corresponder à realidade porque é expressão de um erro redutivo de procedimento investigativo.

A "escravidão contemporânea" não é apenas a modalidade de exploração do trabalho que há no entendimento dos vulgarizadores do tema. Essa é a superfície e o aparente de processos sociais que o são porque ocultam no que revelam. O visível da invisibilidade necessária a que esses processos se desenrolem naquelas determinadas condições. A sociedade contemporânea é a sociedade do engano porque é a da alienação. É nesse sentido que a escravidão de que aqui trato é capitalista no resultado econômico e na reprodução ampliada do capital que dela resulta em combinação com outras formas de exploração do trabalho. Não simplesmente na forma da relação laboral.

A "escravidão contemporânea", nas mediações que a determinam, é um sistema e um modo de vida que não são substantivamente ela mesma, mas o mundo de origem do trabalhador, alternativo, a que autodefensivamente dá sentido. O tipo de mentalidade que dela se nutre é socialmente determinado por peculiares modos de reprodução do capital nos extremos territoriais de seu processo. Na fronteira, aquela em que o capital encontra o seu limite ao produzir ali também o limite do humano.[26] E que, no entanto, na subjetividade do escravo é outra coisa, ele mesmo como família, outra esperança de destino.

Isto é, trata-se da contradição da possibilidade extrema da desumanização do homem na contenção e na negação da possibilidade de sua humanização. Um seccionamento do real despojando-o daquilo que no capitalismo lhe dá sentido, as superações. Tendências extremas e opostas na determinação do processo que se configura como anômala e extrema degradação dos seres humanos, excluindo-os como sujeitos ativos de sua história. Lugar de gestação e atualização do seu conformismo e de sua coisificação, de sua transformação determinada em ser social subjugado pelas condições de sua própria reprodução. Fronteira, neste sentido e no caso brasileiro, tem sido o lugar em que a pessoa se defronta com a coisa e as coisificações que a degradam como coisa e objeto, empobrecida como sujeito de destino.[27] É, também, o lugar em que o possível está no pretérito que resiste em silêncio na sociabilidade decisiva de família e de comunidade que a escravidão não tem conseguido nem podido aniquilar.

Limite que não é o geográfico, porque fronteira aberta e móvel, que vai se redefinindo, à medida em que se expande,

---

26 Cf. Martins, *Fronteira: a degradação do Outro nos confins do humano*, passim.
27 Ibidem.

Capitalismo e escravidão na sociedade pós-escravista

muda o objeto da exploração econômica, atualiza-se, moderniza-se, altera a lógica da extração do excedente econômico, as técnicas sociais da coerção do trabalhador, a variedade da violência moral e física, a modalidade da alienação, as regras e valores da sujeição de quem trabalha.

O voluntarismo político do militante que supõe opor-se às iniquidades, em questões assim, bloqueia a luta contra a injustiça da "escravidão contemporânea", ameniza o confronto, protege o algoz. Diz o que é, mas não diz tudo nem o principal porque não desvenda acobertamentos e invisibilidades da escravização. Sobretudo porque ignora o grupo de referência da motivação da vítima, a quem equivocadamente supõe defender, porque suprime a utopia que dá a ela motivo para suportar a violência e o sofrimento da relação laboral injusta.

Com a abolição, a sobrevivência de formas não capitalistas de relações de trabalho no campo, que já existiam desde a Conquista, mescladas e funcionalmente articuladas com a escravidão direta, foi uma peculiar transição para o trabalho livre. Libertou sem emancipar, sem integrar o ex-cativo na nova realidade dos juridicamente livres.[28] Foi uma modernização

---

28 Em um conjunto de pequenos estudos que venho realizando desde meados dos anos 1950, com base em pesquisa nos arquivos da Ordem de São Bento, em São Paulo, em Olinda, em Salvador e nos documentos dos Mosteiro de São Martinho de Tibães, em Portugal, são variadas as indicações de lenta e progressiva reelaboração da concepção de liberdade nos detalhes da vida cotidiana dos escravos das fazendas beneditinas. Isso culminará com a abolição da escravidão nas fazendas da Ordem, em 1871, dezessete anos antes da Lei Áurea. Cf. Martins, A ilustração beneditina na São Paulo do século XVIII (As antecipações socialmente inovadoras nas Fazendas

apenas funcional do atraso e do retrógrado. Expressão de um capitalismo subdesenvolvido embutido no pré-capitalismo da escravidão, tolhido na evolução para o capitalismo propriamente dito, bloqueado. A não ser em setores determinados da economia e em momentos definidos e atrasados do seu desenvolvimento desigual.

"Externo" à produção capitalista do capital, o trabalho não assume na produção a forma da relação econômica que o determina, a comercial. O trabalhador se endivida nas antecipações da remuneração nominal de seu trabalho, como devedor de um crédito, como freguês e não como trabalhador. Ele não se endivida na produção, no trabalho, mas no consumo do que o trabalho possibilita insuficientemente. Sua sobre-exploração se dá antes do trabalho realizado, nos preços majorados e monopolistas que paga por aquilo de que carece para subsistir, e não durante o processo de trabalho nem mesmo como processo de valorização do capital. A sobre-exploração se confirma no acerto de contas, em que o trabalhador se apresenta socialmente como comprador endividado, já fora do processo produtivo. É no cálculo do saldo, isto é, da visibilização do que já estava devendo, sem saber, antes de começar a trabalhar. É quando a privação que o escraviza ganha visibilidade para ele. Que, porém, já estava nos cálculos do empreendimento antes mesmo de que fosse recrutado. Nos resultados calculados, nos

---

de S. Caetano e de S. Bernardo ainda nos tempos da escravidão), *Ora Labora et Studia – Revista da Biblioteca do Mosteiro de São Bento*, v.1, n.1, São Paulo, 2018, p.11-41; Martins, A primeira esmola da história de S. Caetano, 1760, revista *Raízes*, ano XXX, n.57, Fundação Pró-Memória, São Caetano do Sul (SP), jul. 2018, p.99-102.

Capitalismo e escravidão na sociedade pós-escravista

cálculos empresariais e capitalistas sob forma não capitalista, que é o que conta para o capital nesses casos.

Por outro lado, teoricamente, ele é um livre vendedor de sua força de trabalho, em nome de cuja liberdade assume a dívida dos adiantamentos que o escravizam – requisito que o torna agente de um processo capitalista de produção. Mas, ao receber crédito de seu trabalho como antecipação nominal do trabalho a realizar, com sua força de trabalho vende temporariamente sua liberdade, o que retira da relação laboral a forma propriamente capitalista da livre relação de compra e venda. Isso liberta e separa a forma em relação ao vínculo, o que dá à estrutura da relação de produção uma dupla dimensão, um duplo caráter, cada dimensão movendo-se no interior do processo do capital com autonomia, sob forma não capitalista, mas com função capitalista. Ao abrir mão de sua liberdade em troca da antecipação nominal e parcial do salário sob a forma de crédito, ao vender um trabalho ainda não realizado, o trabalhador vende-se, hipoteca-se, subjugado pela dívida. Perde o poder de negociação do preço de sua força de trabalho e perde o direito de dispor-se como trabalhador livre. É, nesse sentido, cativo porque hipotecado, garantia animal de um trabalho a ser obrigatoriamente feito.

Os eventuais episódios de repasse ou venda do trabalhador endividado a outro credor em troca do montante da dívida, que ocorrem na Amazônia desde os anos 1960, expõem, no seu extremo, a subjetividade enganosa de um relacionamento alienado e ilegal. Isso facilitou largamente a escravização e reescravização de trabalhadores na abertura de novas fazendas na região.

A suposta cumplicidade dos trabalhadores no processo de sua escravização, quando muito, tem uma certa lentidão, uma falta de mediação para expressar o reconhecimento de sua condição de escravo e a afirmação de sua recusa da degradação por ela representada.[29] Uma certa fragilidade, característica, aliás, das populações rústicas em situação social de adversidade. Isso se pode definir, sociologicamente, como estrutura social da peonagem, em decorrência das condições objetivas de sua ocorrência e dos vários fatores que concorrem para que se produzam e se manifestem.

Até porque, na formação das fazendas da Amazônia, naquela quadra histórica dos anos 1960-1980, quando o problema se agravou e suas funções se tornaram explícitas, o fruto do trabalho do peão não era o produto dessas fazendas, a mercadoria, *stricto sensu*, e sim a renda capitalizada pelo trabalho do peão incorporada à fazenda que assim se formava, o meio de produção – caso da derrubada da mata e formação de pastagens. A fazenda era a primeira mercadoria e não o fato nela criado. O trabalho materializado, portanto, no que vai ser meio de trabalho e não no que vai ser bem de consumo. Formação de capital, pela incorporação de trabalho à terra na sua transformação de natureza em terra produtiva. Em terreno desse modo "fabricado", uma natureza segunda, uma nova e diferente mediação na determinação das necessidades sociais.[30]

O trabalhador se endividava e se endivida para cumprir as funções da reprodução ampliada do capital, pelo meio não capitalista de sua escravidão. Como comprador do que necessita em sua vida diária, para sobreviver e se reproduzir como

---

29 Cf. Martins, *O poder do atraso: ensaios de sociologia da história lenta*.

30 Entre outras obras de Henri Lefebvre sobre o tema da natureza segunda, cf. *O direito à cidade*, p.100-1.

Capitalismo e escravidão na sociedade pós-escravista

trabalhador para o capital, como personificação constrangida e disfarçada do capital variável.[31] O valor reconhecido de sua força de trabalho é minimizado, reduzido ao ínfimo. É a invisibilidade da função de capital variável porque disfarçado que nos diz que se trata de trabalho escravo, não o conceito.

O advento do modo especificamente capitalista de produção, baseado na sujeição real do trabalho ao capital, está relacionado diretamente com a possibilidade de uma composição orgânica alta do capital, no conjunto do empreendimento, mais meios de produção do que força de trabalho.[32] Se, em relação ao capital total, ainda persiste a possibilidade da composição orgânica baixa, de maior proporção de capital variável em relação ao capital constante, de força de trabalho em relação a meios de produção, estamos em face de um momento subdesenvolvido do capitalismo que, porém, no caso de escravidão, é operado como se fosse capitalismo desenvolvido, como mostrei.

Isso é possível por meio da sobre-exploração do trabalho no seu extremo de trabalho escravo. Ou seja, sob formas atrasadas e arcaicas de trabalho e de retribuição do trabalho que tendem a assegurar um modo capitalista de produção de capital baseado

---

31 Em linha diversa, mas convergente, José César Gnaccarini, em seu estudo sobre o regime de colonato nas fazendas de café, em que o imigrante, especialmente o italiano, substituiu o escravo negro libertado pela Lei Áurea, interpreta: "O sistema de colonato é, prima facie, um meio de o capitalista fazer economias no dispêndio de capital variável". Cf. Gnaccarini, *Latifúndio e proletariado: formação da empresa e relações de trabalho no Brasil rural*, p.94.

32 Sobre a distinção entre a sujeição formal e a sujeição real do trabalho ao capital e entre o modo capitalista de produção e o modo especificamente capitalista de produção, cf. Marx, *El capital (Libro I – Capitulo VI, Inedito)*, p.54 e ss.

na sujeição ainda aquém da sujeição formal do trabalho ao capital, e mais ainda de sua sujeição real. Não a sujeição caracteristicamente capitalista que afete o processo de trabalho. Porque o que ele trabalhador sabe sobre sua relação de trabalho está desvinculado do que é necessário saber. Sociologicamente, no capitalismo da sujeição real do trabalho ao capital, a consciência operária é uma falsa consciência necessária para assegurar que o trabalhador reconheça como legítima a exploração que sofre de seu trabalho. Assim, também, é preciso identificar e interpretar a falsa consciência própria do escravo da escravidão temporária na economia atual, que é outra porque outra é a situação social em que se dá. Uma consciência religiosa, como interpreta José César Gnaccarini em relação a situações sociais próprias do mundo rústico.[33] Sem isso, a escravidão atual acaba interpretada como mera injustiça salarial.

Neide Esterci já havia ressaltado a função da família e da comunidade de origem como grupos de referência do peão escravizado, a sociabilidade e a memória daí decorrentes como

---

33 É o caso de uma ocorrência trágica, na Semana Santa de 1955, na comunidade em jejum e oração, no bairro rural do Catulé, município de Malacacheta (MG), protagonizada por jovens que haviam emigrado para a região de Presidente Prudente (SP), para o trabalho temporário na cultura do algodão. Convertidos ao Adventismo da Promessa, ao retornar à sua comunidade, ali introduziram a nova religião, novos valores e a expectativa do fim do mundo e do retorno próximo do Profeta Isaías. Tiveram sinais, porém, da presença de Satanás no meio deles, no choro das crianças (que estavam com fome), o que desencadeou o assassinato de várias delas, porque supostamente possuídas pelo maligno. Cf. Castaldi; Ribeiro; Martuscelli, A aparição do demônio no Catulé, in: Paulo Duarte (org.), *Estudos de sociologia e história*, p.17-130.

Capitalismo e escravidão na sociedade pós-escravista

fatores do modo de o peão interpretar seu cativeiro e a ele eventualmente reagir. Essa interpretação se repete e se confirma nas pesquisas de seu orientando Ricardo Rezende Figueira.

Nessa lógica econômica, que não depende de arbítrio, o custo da derrubada da mata e do plantio das pastagens das fazendas agropecuárias assim formadas é reduzido pelo recurso da instrumentalização do desvalimento do trabalhador resultante das condições do mercado de trabalho. As da superpopulação relativa em áreas como a de alguns estados do Nordeste. Mão de obra não só temporária, mas sobretudo transitória, no geral residual da agricultura familiar pobre de outras regiões, geralmente distintas do lugar do trabalho escravo, como já mencionei. E que é vulnerável ao trabalho sob coação, como os castigos físicos, com dispêndios praticamente no nível da mera e precária subsistência. Nesse período, foram frequentes os assassinatos de peões após o término da empreitada. Tratava-se de mão de obra descartável, fragilizada, que faz o peão cúmplice de sua própria escravidão.

Não se trata de um conformismo decorrente de uma cultura que se explique por valores e concepções de economia moral, como há quem suponha. Economia moral é outra coisa, bem diferente, porque não conformista nem voluntariamente cúmplice. Ao contrário, é insurgente e crítica, expressão da consciência de injustiça.[34] Teoricamente, é a concepção moral, e não estritamente econômica, da economia dos pobres, ba-

---

34 Cf. Thompson, The Moral Economy of the English Crowd in the Eighteen Century, *Past & Present*, n.50, p.76-136, fev. 1971; James C. Scott, *The Moral Economy of the Peasant Rebellion and Subsistence in Southeast Asia*.

seada no seu julgamento moral dos preços dos produtos essenciais à sua sobrevivência, que não correspondem às carências e possibilidades de quem precisa comprá-los para alimentar a família. Como no caso da Revolução Francesa, que teve início na revolta popular urbana contra o preço do pão no bairro de Sant'Antoine, em Paris. E que se desdobrou fora de seu âmbito específico para outros âmbitos, propriamente políticos e filosóficos. Porque deu sentido à busca dos pensadores de então, que procuravam compreender as anomalias de uma sociedade fundada no pressuposto da ordem, a sociedade estamental, cujas contradições a corroíam.

A insurgência popular rompeu os liames da ordem e abriu caminho para que outras referências de ordem social ocupassem o espaço da ordem anulada, a partir de protagonismos até então desconhecidos, com o sentido novo que ganharam em face da crise política da ordem estamental. Lá, naquele momento, havia uma intelectualidade de prontidão e munida do instrumental teórico para compreender o que estava acontecendo e a desconstrução das instituições e das relações sociais, ação política de que os próprios envolvidos diretamente não tinham consciência.

Aqui, temos tido uma crise social centrada na desagregação do mundo rural e na sua persistência transformada. No entanto, não temos tido aqui a intelectualidade mediadora, autora de uma teoria da crise e de suas possibilidades socialmente transformadoras, na ordem própria da relação entre teoria e prática. Ou seja, indutivamente a teoria explica a prática, e, transdutivamente, revela o possível e suas condições sociais e políti-

Capitalismo e escravidão na sociedade pós-escravista

cas.[35] Há aí uma concepção de temporalidade em que a teoria equivocada não pode explicar uma prática que não houve.[36]

O ciclo da fronteira, alimentador da multiplicação de ocorrências de degradação do trabalho e de escravidão, marcou o que acabará sendo, no regime militar, a institucionalização, como disse antes, da sujeição da propriedade da terra ao capital e, contraditoriamente, sujeição política do capital à propriedade da terra. Muito provavelmente, uma novidade brasileira. Fundamento de um capitalismo pelo avesso, de crescimento econômico sem desenvolvimento social e sem democracia verdadeira e plena.[37]

Foi o que definiu de vez o capitalismo brasileiro como capitalismo de modelo diferente do de países desenvolvidos. A tensão estrutural entre capital e propriedade da terra, abrandada pela definição da terra como capital, pois usada e administrada como capital, que não é. Um capital com dupla e contraditória função: a de produtor de lucro e a de produtor de renda fundiária. Nesse sentido, duas funções personificadas por um mesmo sujeito, o empresário tolhido em sua identidade de capitalista pela identidade oposta de proprietário rentista.

---

35 Sobre a concepção metodológica de transdução, cf. Lefebvre, *Critique de la vie quotidienne*, v.I, passim; *Métaphilosophie*, passim; *La revolución urbana*, p.11.

36 O filósofo – nesse caso, o sociólogo – "é o que fala, enuncia o realizado, denuncia as razões, anuncia o possível". Expõe os fatores da práxis transformadora revelados pelo possível, evidenciados pela prática, pela ação. Cf. Lefebvre, *La violencia y el fin de la historia*, p.127.

37 Para uma interpretação diversa da dimensão política do capitalismo de fronteira, cf. Velho, *Capitalismo autoritário e campesinato*.

O capitalismo brasileiro foi condenado pelo Estado autoritário a ser um capitalismo de segunda categoria, impossibilitado de ser econômica, social e politicamente o capitalismo da revolução burguesa. Nesse sentido, um capitalismo não só econômica, mas também social e politicamente atrasado e conservador. O atrasado empresário brasileiro não tem como compreender a demanda histórica de fazer no país a revolução modernizadora das estruturas sociais e políticas.

Isso também tolhe os trabalhadores no que se refere ao seu protagonismo na modernização social do país – a trajetória deles é bloqueada por interesses econômicos retrógrados.

Não é estranho, pois, que relações de trabalho não capitalistas, como a da escravidão por dívida, se repitam e se expandam na reprodução das estruturas pretéritas de um subcapitalismo inferior às necessidades do desenvolvimento econômico com desenvolvimento social. Subcapitalismo marcado pela exclusão social, isto é, pela inclusão social perversa e crescente de milhões de pessoas e de negação cada vez maior de destino e participação às novas gerações.

A reiterada escravidão por dívida no Brasil não é uma excrescência, uma anomalia menor, algo que se explique pelas ações tópicas de denúncias e punições *ad hoc* e eventualmente de narrativas aparentemente abundantes nos fatos e insuficientes na explicação de causas e consequências.

A importância da intervenção decisiva do governo Fernando Henrique Cardoso nessa questão pode ser avaliada. Ela incide sobre uma mediação decisiva não só na interrupção da reprodução da escravidão atual. Mas teria dado resultados mais amplos e menos lentos se a viabilização e a aplicação das propostas do Plano Nacional de Erradicação do Trabalho Escravo não tives-

Capitalismo e escravidão na sociedade pós-escravista

sem sido de vários modos obstadas no plano político e boicotadas na política de coalizão, que não se inspirou num pacto de radical modernização do capitalismo brasileiro. Sem democratizar o acesso à terra como forma de instituir a verdade do mercado de trabalho, o recurso ao trabalho escravo não cessará enquanto houver espaço para o capitalismo marginal e adjetivo que dele se vale.

A repressão ao trabalho forçado e o combate à sobre-exploração do trabalho debilitam, sem dúvida, o ciclo vicioso da escravidão. Isso dependerá, porém, de movimentos sociais que possam coadjuvar o Estado nas intervenções de fiscalização e punição da exploração delinquente da força de trabalho e em conexão com outros crimes que transformaram, funcionalmente, o capitalismo que dessas relações se vale numa versão inesperada em vários aspectos parecida com a do crime organizado. Pelos crimes conexos decorrentes das violações da lei na questão do trabalho, na questão ambiental, na questão previdenciária, na questão social, na questão fundiária.

De qualquer modo, a escravidão na formação de fazendas da região amazônica declinava nos estabelecimentos agropastoris já consolidados, o que não levaria necessariamente à sua extinção. Ao contrário, começou a disseminar-se em outras áreas, como as de reflorestamento no Sul, e mesmo na indústria de confecção em São Paulo, através da sobre-exploração dos trabalhadores, tanto num caso quanto no outro.

O combate oficial à disseminação do trabalho degradado levantou barreiras às facilitações da iniquidade laboral decorrentes do que foi a gestação de uma cultura da "escravidão contemporânea". Facilitações que disseminaram o pressuposto de que a fragilidade social e política do trabalhador subjugado constituía indício de que era lícito sobre-explorá-lo e mesmo escravizá-lo. Sobretudo, era e é lucrativo.

Na abertura de fazendas na Amazônia dos anos 1960 a 1980, o valor do trabalho não pago no regime escravista só pode ser avaliado no resultado final da formação da fazenda com o início da sua produção propriamente capitalista. Quando o trabalhador já está longe e dela desvinculado.

Uma fazenda é renda territorial capitalizada, isto é, preço da terra, e, também, capital, como mencionei antes: os investimentos nela realizados – derrubada da mata, preparo da terra para os plantios, construções, equipamentos. É aí que o valor criado pela "escravidão contemporânea" na formação da fazenda, decorrente da modalidade de renda capitalizada em que o trabalhador fora convertido na fase de sua formação, descontada a renda territorial equivalente do aluguel pelo uso da terra, é incorporado ao preço da terra metamorfoseado como capital constante nela investido. O trabalho escravo e o trabalho sobre-explorado realizam-se, pois, também diretamente como capital, além de renda capitalizada na pessoa do escravo, cujo anômalo trabalho cativo tem a função de capital variável.[38]

O trabalho escravo financiou e tem financiado a formação das fazendas na Amazônia. Não se tratava apenas de salário não pago e disfarçado, como capital variável, mas de formação de capital territorial, isto é, constante, sem real dispêndio equivalente: a dupla exploração do trabalhador escravizado que as análises têm omitido, uma visível e a outra invisível.

---

38 Esta análise baseia-se, especialmente, em Carlos Marx, *El capital: crítica de la economía política*, trad. Wenceslao Roces, t.III, México, Fondo de Cultura Económica, 1959, passim.

Capítulo IV
Desenvolvimento desigual e anomalias do trabalho livre

Uma suposição comum no estudo sociológico das relações de trabalho é a de que essas relações tendem naturalmente a evoluir, de maneira linear, no sentido da superação de todas as relações laborais pretéritas ou a elas análogas. No sentido de relações contratuais de trabalho assalariado, de conformidade com o direito e a lei. Cada vez mais, porém, é disseminada e frequente a constatação de que persistem, ressurgem e surgem setores da economia em que as relações de trabalho discrepam desse pressuposto. Setores modernos da economia combinam relações arcaicas e modernas de produção e de serviços, o que sugere a naturalização do anômalo e do irracional nas relações laborais e uma crescente insegurança social nessas relações. Mas, também, relações e referências culturalmente pretéritas, que não são nem mesmo economicamente atrasadas. Na roça, procedimentos agrícolas que os extensionistas mais identificados com a modernização facilmente definem como agronomicamente irracionais acabam se revelando mais racionais, mais produtivos, mais econômicos e mais lucrativos em termos e situações próprios da economia do excedente.

José de Souza Martins

Para explicar a chamada "escravidão contemporânea" é necessário ter em conta, portanto, que o capitalismo é também constituído pela contradição da diversidade de suas *temporalidades coexistentes*. Decorrentes de seu desenvolvimento desigual, são reciprocamente determinadas e necessárias à reprodução ampliada do capital, em decorrência dos ritmos desiguais, não lineares nem evolutivos, do processo histórico. São contemporâneas porque suas determinações coexistem, sem que suas gêneses sejam de mesma data.[1] Coexistem sem superar as contradições ampliadas do processo do capital. Sua tensão cotidiana expressa a cada vez maior fragilização social e política dos trabalhadores em decorrência da diversidade de suas personificações sociais, fragmentados em situações e modos de vida descontínuos e desencontrados. A totalidade que dá sentido ao vivencial e que o método regressivo-progressivo pode revelar. Diferentemente do que ocorre com a classe operária, no trabalho escravo, ainda que seu resultado crie mais-valor para o mesmo capital, é ele de mais difícil expressão numa práxis de superação porque o todo é um todo sem um possível próprio.

Esse contemporâneo parece querer dizer extemporâneo, fora de época e, porque simultâneo, que é outra coisa, descompassado em relação a outros momentos do processo de trabalho que se unificam no resultado da valorização do capital, a acumulação capitalista atemporal de mais-valia.

O tempo da mais-valia, que dá sentido ao processo de valorização do capital, não é o tempo de cada momento do processo de trabalho. Embora os momentos de temporalidades desencontradas convirjam e ganhem sentido e função no que

---

1 Cf. Rosa Luxemburgo, *A acumulação do capital*, p.293-4.

Capitalismo e escravidão na sociedade pós-escravista

é propriamente o tempo da mais-valia, no final do processo de valorização do capital.

Na formação econômico-social capitalista, que articula e unifica num resultado único, a mais-valia produzida com base em relações capitalistas de produção combinadas com formas não capitalistas de produção tem implicações na práxis. Essa unicidade do resultado econômico não pressupõe nem favorece um destino próprio e alternativo para as populações camponesas. Seu modo de vida singular está subsumido num processo econômico e social que não é propriamente o seu.

Não obstante, os camponeses, limitados em sua competência histórica pelas razões aqui indicadas, que supostamente explicam o ceticismo do próprio Marx, de Hobsbawm e de outros autores que mencionei, em relação a eles, têm nas mãos e no destino um trunfo e uma alternativa de protagonismo histórico e transformador. Os da sua singularidade, isto é, da sua diferença social: modo de vida diferente do modo de vida próprio de outras classes da sociedade capitalista, o operariado, a classe média, a burguesia, subsumidas pela alienação coisificadora própria dos que protagonizam as funções reprodutivas do processo do capital. São categorias sociais que já não têm necessidades radicais, aquelas que só podem ser satisfeitas com transformações sociais.[2]

Na sua diferença, os camponeses são, provavelmente, a última categoria social com funções históricas próprias de uma verdadeira classe social. Sua duplicidade situacional de produtores de mercadorias e de produtores diretos de seus meios de vida os

---

2 Cf. Martins, *A aparição do demônio na fábrica: origens sociais do Eu dividido no subúrbio operário*, p.194.

dota de uma consciência crítica inevitável das irracionalidades desumanizadoras constitutivas e instrumentalizadas pelo capital. Seu modo de vida protege sua autonomia de interpretação, sua liberdade de criação social, sua resistência à coisificação, sua competência imaginária e inventiva de ver o direito e o avesso do mundo e de desconstruir interpretativamente o mundo que os minimiza e oprime com base nas revelações do avesso e dos opostos, sua cultura singular e identitária. É o direito à diferença, como o define Henri Lefebvre,[3] que, no meu modo de ver, há na identidade dos camponeses, que dá sentido à luta pela terra e à luta pelo trabalho livre que nela há. Esse direito à diferença, como fundamento de uma práxis camponesa libertadora, traz o campesinato para a pós-modernidade do pluralismo social e lhe devolve a historicidade neutralizada pela sujeição indireta do trabalho camponês ao capital e de escravização temporária, com mais de um século de atraso.

À luz dessa constatação sociológica, e da de que o trabalho escravo tem como grupo social de referência a família e a comunidade, posso retornar à relação entre as características do desenvolvimento econômico e social desigual, dialeticamente, na perspectiva do método regressivo-progressivo. E, desse modo, desocultar, em seus fatores de historicidade, as tensões sociais do possível.

Isso pressupõe, e a própria realidade política dos movimentos de camponeses e de populações originárias confirmam, que nem resistem nem são imunes à modernização social e modernização emancipadora. Antes, apesar dos obstáculos e das repressões, da violência e satanizações dos grandes interesses

---

3 Cf. Lefebvre, *Le Manifeste différencialiste*.

Capitalismo e escravidão na sociedade pós-escravista

econômicos e políticos que a esses movimentos e populações se opõem e contra eles agem no sentido de anular e destruir sua competência social e criativa, são, provavelmente, os principais protagonistas de desenvolvimento econômico com desenvolvimento social que há num país como o Brasil.

Isoladamente, cada momento da produção desigual da mais-valia, em sentido próprio, é apenas um ato produtivo numa sequência desigual. Sentido tem quando o conjunto das formas de extração dessa mais-valia, em seus diferentes momentos, se conclui na forma e na função capitalistas desse conjunto de momentos no produto acabado, isto é, comercializado, vendido, realizado o valor nele contido.

Na verdade, as formas degradadas de relações de trabalho resultam do desenvolvimento desigual do capital, que não é nem evolutivo nem linear. Esse desenvolvimento desigual não é apenas nem principalmente o desenvolvimento econômico desigual. É desigual o desenvolvimento social em relação ao desenvolvimento econômico, o desenvolvimento histórico em relação à vida cotidiana, o desenvolvimento da consciência social em relação à situação social, o que Heller localiza no desencontro entre o ritmo de alteração das estruturas sociais e as esferas heterogêneas da realidade.[4]

É Henri Lefebvre, porém, quem situa o núcleo propriamente dialético do desenvolvimento desigual enquanto desencontro do real em relação ao possível.[5] O possível que se propõe na

---

4 Cf. Heller, *O quotidiano e a história*, p.17-41.

5 Na perspectiva metodológica, diz Lefebvre: "A dialética do possível [...] fornece a chave para abrir as portas fechadas do presente". Cf. Lefebvre, *Au-delà du structuralisme*, p.48.

José de Souza Martins

dimensão transformadora da práxis, acobertada nos enganos socialmente necessários da práxis repetitiva e mesmo da práxis mimética.

É Lefebvre, ainda, quem chama a atenção para a diferença entre dois momentos da obra de Marx, o do *Grundrisse,* um esboço, e o d' *O capital.* Diferença decisiva para compreender esta última obra, inacabada, e da qual Marx é propriamente autor apenas do primeiro volume, o restante tendo sido reunido a partir de seus escritos esparsos e inacabados e organizado por outras pessoas, como Engels.

Grundrisse é uma obra sobre o desenvolvimento desigual do capital e *O capital* é uma obra sobre o seu desenvolvimento igual. Ou seja, de fato, a "teoria" do capitalismo, em *O capital,* é uma sintetização do essencial do processo de valorização do capital. Já o *Grundrisse* trata da unidade concreta de movimento e mediações, unidade de tempos, que define a temporalidade do capital como uma contraditória diversidade de formas sociais, de tempos, de ritmos. O trabalho escravo atual se situa nesse processo.

O *Grundrisse* tem uma função metodológica em relação a *O capital* porque os momentos do processo são reciprocamente referenciais e desconstrutivos, reveladores e explicativos.

Equivocadamente, o leitor que reduz o processo do capital a um movimento linear, demarcado por um sistema conceitual, como formação econômico-social, modo de produção, forças produtivas, marcos do marxismo vulgar, deixa de lado a antropologia e a sociologia do pensamento marxiano. Deixa de lado que, na obra de Marx, modo de produção tanto pode se referir ao modo de produzir o capital, o visível e o invisível, quanto pode se referir ao visível do processo de trabalho, duas realidades contemporâneas e diferentes, contraditórias.

Capitalismo e escravidão na sociedade pós-escravista

É nessa perspectiva que se pode identificar e interpretar a "escravidão contemporânea". Não como uma estrutura social ou um modo de produção escravista, que não é, mas como momento desigual do modo capitalista de produção, o de um falso passado para viabilizar o modo presente como o capital se multiplica e cresce.

Capitalismo, na literatura sociológica, quer dizer muita coisa e nessa diversidade não quer dizer nada se lhe falta a consistência do método que o explica. Sobretudo na explicitação de suas singularidades e expressões do desenvolvimento desigual próprio do capital em suas manifestações na margem explicativa da totalidade de referência urdida pelas contradições que o movem. Isto é, na margem necessária e inevitável em que não é possível reproduzir a forma social dominante do processo capitalista de produção, como nos casos de ocorrências atuais de escravidão.

Não é a forma de trabalho mais desenvolvida, no processo do capital, que explica sua reprodução ampliada. A menos desenvolvida é-lhe tão essencial quanto ela. O desconhecimento desse fato reduz a interpretação a uma narrativa antidialética, não explicativa, da reprodução ampliada do capital. Uma crônica, não raro mera maledicência ideológica.

Na perspectiva dialética, que nesses trabalhos muitos julgam adotar sem demonstrar, "capitalismo" pressupõe sistema e nesse sentido é uma impropriedade. O que existe é a diversidade de momentos do processo do capital, diferentes na composição orgânica de cada momento de uma totalização em curso, inconclusa, como a define Sartre.[6] Movimento da história e

---

6 Cf. Sartre, *Critica de la razon dialectica*.

momento das decorrentes interrogações cambiantes sobre ela geradas pela desigualdade de seu processo.

Fernando A. Novaes aponta o outro lado desse movimento: "a permanente coexistência de formas transatas com antecipações ainda não concretamente definidas".[7] Portanto, não só coexistem no processo histórico formas sociais "atrasadas" mas também formas sociais "antecipadas", não como reproduções mas como produções "atuais" de relações de trabalho de conformidade com requisitos e possibilidades concretas do atual.

Em suma, no capitalismo, o tempo do processo histórico, e nele, o das relações de trabalho, não é linear nem evolutivo. As transformações se dão como superações movidas por contradições. Tampouco se explicam, redutivamente, pela perspectiva desta ou daquela visão de mundo.

É o transitório de um todo subjacente e, portanto, enquanto tal, o não explicativo do movimento da totalidade aberta, do processo do capital, nunca o de uma totalidade fechada, o de um sistema, na distinção metodológica decisiva de Henri Lefebvre.[8]

O pressuposto explicativo da totalidade aberta, não sistêmica, de referência do desenvolvimento do capital é o que permite identificar e explicar os momentos e fatores da emergência de relações formalmente não especificamente capitalistas de trabalho no processo de reprodução ampliada e propriamente

---

7 Cf. Novais, *Portugal e Brasil na crise do antigo sistema colonial (1777-1808)*, p.11.
8 Cf. Lefebvre, La Notion de totalité dans les sciences sociales, *Cahiers internationaux de sociologie,* v.18-9, p.55-7.

Capitalismo e escravidão na sociedade pós-escravista

capitalista do capital. É no desencontro dos momentos que a significação do processo histórico se propõe à compreensão sociológica do cotidiano da história. Desafio transformador e revolucionário à práxis repetitiva e mimética, da definição de Lefebvre.

Marx, no "Capítulo Inédito", que é um capítulo que deveria ficar entre o tomo primeiro e o tomo segundo de *O capital*, faz a distinção entre modo de produção capitalista e modo de produção especificamente capitalista de produção.[9] Não são modos distintos de produção, mas momentos distintos, ainda que até coexistentes, do processo de valorização do capital, decorrentes de estágios diversos do desenvolvimento das forças produtivas.

Na verdade, implicitamente, um questionamento do uso incorretamente estruturalista e fetichista das noções do pensamento marxiano, como se fossem conceitos. O das relações de trabalho apenas subsumidas pelo capital no processo de trabalho e o das relações de trabalho constituídas pelo capital, como processo do capital. Aquelas em que o saber do trabalho deixa de ser do trabalhador porque reinventado pelo capital e fora do alcance de quem trabalha, o trabalhador como mero instrumento do processo de produção e não seu autor.

Nesse quadro de referência, posso legitimamente supor que a "escravidão contemporânea" resulta da trama de sutilezas do processo do capital, em determinado momento entre a sujeição formal e a sujeição real do trabalho ao capital.

---

9 Cf. Marx, A produção capitalista é produção e reprodução das relações de produção especificamente capitalistas, *O capital – Livro I, Capítulo VI (Inédito)*, p.90-7.

O caso brasileiro é validação dessa hipótese. Expressa o fato de que o capitalismo não é um sistema, mas uma impossibilidade histórica, um vir a ser que não se cumpre senão negando-se nas inesperadas injustiças de que se nutre. Não apenas as injustiças esperadas, como a da referência estrutural de que é a economia da produção social apoiada na apropriação individual dos resultados da produção. A realidade da invisibilidade da apropriação por este do que pertence ao outro.

No descompasso das temporalidades que compõem o processo de produção, ainda que numa mesma empresa, cada momento pode ser mediação de sociabilidade segmentária, de consciência social do fragmentário e da diversidade social do empreendimento.[10] Sem deixar de ser o de trabalho subsumido que se expressará na mais-valia do final do processo do capital. De certo modo, no capitalismo o trabalhador é, cada vez mais, duplo de si mesmo. Ele é o que sabia fazer o que faz e o que agora faz é sem saber exatamente o que está fazendo. É que o

---

10 Cf. Martins, *A aparição do demônio na fábrica*. Nos quase seis anos em que trabalhei na Cerâmica São Caetano, em São Caetano do Sul, SP, na minha adolescência, onde ocorreu o episódio que analiso nesse livro, houve outros casos comparativamente úteis ao tema que estou analisando aqui. No episódio citado, as operárias interpretaram a situação adversa de trabalho decorrente da inovação técnica de nova linha de produção, em perspectiva mágico-religiosa e pré-política. A pouco mais de 100 metros dali, na mesma fábrica, mais ou menos pela mesma época, os operários, torneiros mecânicos altamente especializados, da seção de produção de estampos, fizeram uma greve setorial por aumento de salário, liderados pelo sindicato. Uma fragmentação da práxis decorrente da desigualdade do processo de trabalho no conjunto determinada pelo desenvolvimento desigual do capital. Níveis desiguais e diferentes de consciência operária.

Capitalismo e escravidão na sociedade pós-escravista

produto só o será depois da produção, quando se realizar na circulação.

É num fragmento da divisão do trabalho, da produção e dos momentos que constituem o modo de produção capitalista que surge a oportunidade e a necessidade de uma forma atual de trabalho escravo. O qual, porém, não pode ser definido como um modo de produção nem como realidade à parte, pois o que lhe dá sentido e função é a mais-valia que se realiza de modo especificamente capitalista, como resultante valorização do capital no seu processo de reprodução ampliada. Portanto, a diferença de forma social do trabalho do momento de sobre--exploração do trabalho e mesmo na forma de cativeiro por dí-vida e temporário só tem sentido como momento do processo de valorização do capital.

Esse trabalho escravo não é senão apenas fenomenicamente, na forma mediadora que lhe dá nome e função, trabalho dis-tinto do trabalho propriamente capitalista. Sua remuneração negativa, no endividamento, decorre de uma situação laboral em que o salário, inferior ao necessário à reprodução da força de trabalho, é concebido pelo capitalista como fator, falso, porém, de alta composição do capital. Foi o caso da situação mais aguda, e ainda é, da ocorrência da escravidão por dívida na Amazônia Legal.

Em diferentes regiões e variações da forma de exploração do trabalho, mesmo onde não era ou não é percebido como trabalho escravo, a consciência da situação socialmente adver-sa do trabalhador sobre-explorado dá origem a algum nível de consciência da anômala exploração que o vitima.

Uma expressão que ouvi de trabalhadores boias-frias, num curso que lhes dei no interior de São Paulo, é reveladora de como eles percebem a privação que resulta das peculiares condições de seu trabalho: "Cada vez mais sobra mês no fim do meu salário". Ou esta dramática consciência de uma jovem mulher cortadora de cana-de-açúcar, boia-fria como o marido. Ela se considerava explorada na situação de trabalho porque, "quando fazia amor com o marido, seu corpo doía, mas não doía quando estava cortando cana no canavial. Considerava-se explorada porque essa era a evidência de que seu corpo já não era seu, mas do canavial". Uma concepção de exploração mais ampla e antropológica do que a concepção meramente econômica. Mas consciência de privação e usurpação do que é parte da condição de humanização da pessoa.

O escravizado por dívida é uma personificação singular e anômala na constituição do trabalhador coletivo e do trabalho social, a modalidade de trabalho criada pelo modo especificamente capitalista de produção, mas que não se realiza no salário que recebe. Nesse sentido, o trabalhador escravizado o é porque sofre duas extorsões, a da exploração de seu trabalho pelo capital e a da sobre-exploração de seu trabalho como exploração adicional que garanta ao capital um lucro extraordinário. Desse modo, é o que assegura que a produção capitalista do lucro médio se dê também onde o capitalismo não tem como se impor à produção senão por esse meio violento. A persistente ocorrência da sobre-exploração do trabalho e da própria escravidão por dívida entre nós, até mesmo antes da abolição da escravatura, em 1888, nos fala de um capitalismo de insuficiências. Um capitalismo atrasado e bloqueado pela falta de uma burguesia protagonista de um desenvolvimento capitalista com desenvolvimento social, um capitalismo moderno.

Capitalismo e escravidão na sociedade pós-escravista

As conexões da escravidão por dívida com outras relações impróprias e suspeitas dão-lhe o sentido de componente de um sistema que atrai, junta e movimenta toda a criminalidade que o capitalismo anômalo e subdesenvolvido pode criar.

A classificação do que é hoje definido, no Brasil, como trabalho escravo foi precedida por outras, empíricas e teóricas, que o caracterizavam pela modalidade social e econômica singular da relação com o capital, como dependência de um setor da economia em relação a outro, do extrativo em relação ao comercial. Como momento do processo de trabalho enquanto momento peculiar porque atrasado do processo de reprodução ampliada do capital.

Caso do aviamento, na economia da borracha, da castanha, do mate e da juta, e não propriamente como atributo capitalista do capitalismo nem propriamente como um modo de produzir pré-capitalista porque caracterizado pelo cativeiro. Na verdade, uma relação variável, contraditoriamente de exterioridade e necessidade entre o trabalho servil e o capital. A sujeição – porque inviável o trabalho livre e salarial nas condições sociais retrógradas do trabalho – é assegurada pela dívida e pela repressão extraeconômica nela fundada moralmente. O trabalhador figura mais como inconscientemente cúmplice do que como vítima de quem se apropria de sua força de trabalho pelas antecipações dos meios de vida de que carece para sobreviver e trabalhar.

Não tem sido incomum, nas visitas de surpresa da fiscalização do Ministério do Trabalho a fazendas denunciadas pelo emprego do trabalho escravo, que trabalhadores fujam para a mata para não serem libertados. Ou que, depois de serem libertados e devolvidos a seus lugares de origem, retornem às mesmas fazendas onde estavam em cativeiro movidos pelo dever moral de pagar a dívida contraída.

Justamente aí está o nó de uma questão não problematizada pelos autores que ao tema se dedicam e, por isso, menos ainda resolvida: como é que o trabalho escravo pode surgir e existir numa economia, capitalista, que se baseia no pressuposto do trabalho livre e salarial, e da negação do trabalho forçado, sem cuja observância essa economia não é viável?

O problema é teórico e de método de explicação, de formulação ausente na maior parte desses trabalhos. Quando muito, há neles um enquadramento meramente conceitual das esparsas evidências coletadas e descritas de trabalho escravo, sem as referências próprias dos métodos de investigação sociológica. Expressões de uma visão impressionista e de senso comum, ideológica, do que é essa escravidão e do que é o capitalismo que dela se vale e carece.

Não é raro que, em trabalhos acadêmicos sobre o tema, pretensamente inspirados na obra teórica e científica de Karl Marx, a formulação seja estruturalista, o que anula a possibilidade e a eficácia do método marxiano, aquele que permite analisar a historicidade das situações e ocorrências de trabalho escravo e suas variantes no marco do capitalismo como realidade de contradições. Dentre elas, a do desenvolvimento desigual do capital. Isto é, analisar a dinâmica transformadora e superadora própria das relações sociais, a evidência do possível e, também, do impossível, a referência cientificamente correta das possibilidades da práxis.

Fora disso, a ideia de que essa escravidão é uma escravidão em si não é coerente com o pressuposto de que é ela um componente estrutural do capitalismo. O desafio científico e político

Capitalismo e escravidão na sociedade pós-escravista

é o de explicar capitalismo e escravidão como uma variante da contradição entre capital e trabalho livre e, portanto, da própria reprodução ampliada do capital. Esse é o grande tema e o grande problema de investigação de *Capitalismo e escravidão no Brasil meridional,* de Fernando Henrique Cardoso, e de *Portugal e Brasil na crise do antigo sistema colonial (1777-1808),* de Fernando A. Novais.

A escravidão aqui, antes da abolição, nascera em fase pretérita da constituição do capitalismo, mas motivada pelo lucro. Nascera condenada, como é próprio do capitalismo, à superação quando o trabalho escravo se tornasse um bloqueio àquela forma de reprodução do capital, pois escravo como renda capitalizada e não como capital variável, como tenho mencionado. Essa é a questão essencial para compreender a escravidão entre nós, tanto a da época histórica anterior à abolição da escravatura quanto a da escravidão que surge e se dissemina no período pós-escravista.

Em português não temos designações precisas para nomear as significativas diferenças entre uma escravidão e outra. A primeira é a que em inglês se chama de *"chattel slavery"*, a do escravo coisa, que acentua a condição do cativo como ser desumanizado por sua redução a mercadoria e propriedade de quem o possui. A segunda é chamada *"debt bondage"*, o acento na natureza mercantil da servidão, a forma violenta da compra da força de trabalho de quem a vende pelo período de quitação em trabalho do débito contraído para sobreviver, como um adiantamento de salário sob o disfarce de meios de vida.

Aí, no entanto, há um problema residual que carece de explicação. Por que, então, o advento do trabalho livre no Brasil gera variantes coexistentes de trabalho sob coação, genericamente definido como trabalho escravo, ainda que a forma social da servidão seja, no geral, diversa do que fora o trabalho escravo, do trabalhador tratado como animal de trabalho e trabalhador-mercadoria? Sobretudo por ser forma temporária de servidão por dívida e não forma permanente de propriedade sobre a pessoa que nessas condições trabalha?

Conheço uma única pesquisa sociológica, sobre o aviamento, na economia da juta, na Amazônia, em que os autores identificam fatores e indícios de superação dos momentos formais de sobre-exploração do trabalho nele baseada, com o engendramento de transformações na relação entre trabalho e capital.[11] Um desenvolvimento em direção inversa ao pressuposto nas análises a que estou me referindo, o do imobilismo, não transformador nem socialmente superador, do capital na margem da sua reprodução capitalista. Isto é, no limite entre definições formais de capitalismo e não capitalismo.

Nesse sentido, essas análises supõem que a escravidão é apenas uma iniquidade estrutural do capitalismo, quando, na verdade, lhe é constitutiva, uma possibilidade diversa e limitada de desenvolvimento, a do subcapitalismo, não raro territorializado. E um momento do processo do capital decorrente do seu desenvolvimento desigual e nele a preservação, recriação ou produção de relações retrógradas de trabalho porque funcionalmente ajustáveis à composição orgânica do capital. Isto é, como no caso brasileiro, capitais de baixa composição orgânica

---

11 Cf. Miyazaki; Ono, O aviamento na Amazônia: estudo sócio-econômico sobre a produção da juta (I), op. cit., p.366-96; idem, O aviamento na Amazônia: estudo sócio-econômico sobre a produção da juta (II), op. cit., p.530-63.

Capitalismo e escravidão na sociedade pós-escravista

de capital que, em decorrência da sobre-exploração do trabalho, têm como referência o lucro médio (determinado pela alta composição) e funcionam como capitais de alta composição orgânica.

São as condições sociais e culturais de pobreza, de sazonalidade das regiões de agricultura familiar pobre e decorrente expulsão temporária dos jovens ou dos homens, para permitir que na entressafra a sobrevivência da família não seja comprometida pelas bocas que podem ser sazonal e temporariamente descartadas.[12]

Com mais precisão do que outros estudos, o de Alison Sutton mostra que os lugares de aliciamento e recrutamento de trabalhadores pelo vínculo inicial de endividamento estavam distribuídos por praticamente todas as regiões do país. Do Nordeste: Ceará, Piauí, Alagoas, Pernambuco e Bahia, levados para os estados da Amazônia Legal: Pará, Mato Grosso e Rondônia. Do Nordeste, para trabalhar nos canaviais do Mato Grosso e Mato Grosso do Sul. Do Sul e do Sudeste, para trabalhar no Mato Grosso e em Rondônia.[13] A própria distância contribuindo para facilitar a dependência em relação ao abono inicial, começo da dívida e da escravização.

Em uma pesquisa sobre trabalhadores que iam trabalhar no norte do Mato Grosso, João Carlos Barrozo constatou que

---

12 Nesse período, Piauí e Maranhão foram regiões de oferta de mão de obra sobrante e lugar de recrutamento de peões para o trabalho da derrubada da mata e formação de fazendas, especialmente no Pará. Cf. Esterci, *Escravos da desigualdade: um estudo sobre o uso repressivo da força de trabalho hoje*, p.107-10; Sutton, *Slavery in Brazil: a Link in the Chain of Modernization*.

13 Cf. Sutton, op. cit., p.36.

25% vinham do Sul e 30% do Pará, de São Paulo e de Minas Gerais, expulsos da terra por grandes empresas e pela agricultura mecanizada. Do Centro-Oeste, procediam 22,5%.[14]

Em todas essas regiões de origem, grandes transformações nas relações de trabalho estavam ocorrendo. Fosse nas de pequena agricultura familiar, insuficiente para o sustento de toda família durante todo ano, fosse nas regiões onde já se instalara o trabalho por empreitada, como na agricultura canavieira do Sudeste.

Nessa perspectiva, não se pode deixar de lado o que é próprio e peculiar das situações de fragmentação do processo de trabalho decorrente do ritmo desigual da modernização do processo produtivo nas diferentes culturas, da instabilidade do mercado de trabalho e do caráter residual da mão de obra que podia ser recrutada. E a consequente repercussão dessa desigualdade no favorecimento da ação de "gatos" e recrutadores de trabalhadores que acabarão se tornando escravos por endividamento.

A mesma diversificação modernizadora estava ocorrendo nas regiões pioneiras, na implantação das novas fazendas estimuladas pela política de incentivos fiscais, o que definia e define uma situação em que a escravidão foi e é favorecida pela questão da *temporalidade*, isto é, do tempo social, e da *durabilidade* histórica de cada um dos momentos do *processo de produção*. Não só a do *processo de trabalho*, mas também a do processo do capital e nele a reprodução ampliada do capital.

---

14 Cf. Barrozo, *Exploração e escravidão nas agropecuárias da Amazônia mato--grossense*, p.36.

Capitalismo e escravidão na sociedade pós-escravista

Pelo impacto do noticiário sobre a escravidão, especialmente no Mato Grosso, as características do trabalho escravo daquele momento e lugar foram adotadas, em várias narrativas e estudos, como uma espécie de definição típica que explicaria todas as ocorrências de escravidão no Brasil contemporâneo, daquele momento e dos momentos seguintes, o que acabou não ocorrendo. Aquela escravidão não nasceu para ter durabilidade nem foi um "modo de produção escravista", mas tão somente um momento de produção não capitalista de capital. O modo de produção então não era de produtos para o mercado, era um modo de produção de fazendas, isto é, de sua formação, de capital imobilizado improdutivamente como renda capitalizada e mediação de reprodução capitalista do capital.

Sem querer fazer ironia com as simplificações que dominam muitos desses estudos, é questão que não se explica pelo tomo I de *O capital*, mas pelo inacabado tomo III, isto é, pelo conjunto da *Crítica da economia política*, de Marx, os três tomos, o que inclui o *Capítulo Inédito* e os três volumes do *Grundrisse*.

No desenvolvimento desigual do capital, há momentos do *processo de produção* e da divisão do trabalho que estão técnica, histórica e socialmente mais atrasados do que outros. E há os que estão mais desenvolvidos. É por aí que se pode compreender as ocorrências do que vem sendo chamado de trabalho escravo. O modo de produção é modo de produção capitalista, porque se trata de momento da produção e reprodução do capital. As relações não capitalistas são produzidas e subsumidas pela reprodução ampliada e capitalista do capital, que lhes dá função e sentido. Nessa perspectiva, o modo de produção não é o processo de trabalho, mas o processo de valorização do capital.

179

É possível observar isso na mesma linha de produção de uma mesma empresa, no seu resultado final, e num mesmo produto.[15] Quando a diferença do momento se dá num espaço peculiar e próprio, o da fábrica, separado da totalidade do espaço da produção, como nos casos em que o trabalho escravo aparece isolado, num empreendimento econômico específico, sugere ao pesquisador teoricamente desguarnecido que o cativeiro é um sistema, coisa que não é nem pode ser se estamos falando em capitalismo.

O mesmo acontece quando um autor trata o que é um momento singular do processo de produção e de reprodução ampliada do capital, seccionando e isolando interpretativamente a temporalidade que dá sentido, dialeticamente, ao que efetivamente é, como se fosse, porém, uma temporalidade em si.

Mesmo nos estudos sobre episódios de escravidão em determinadas fazendas ou fábricas, falta-lhes a premissa metodológica do caso e do estudo de caso, não raro invalidando até mesmo a narrativa factual e noticiosa como possível documento de compreensão da anomalia laboral a que as concepções de escravidão e de escravo supostamente se referem. As distorções da conceituação errada prejudicam o reuso interpretativo dessas informações por alguém, como no caso deste livro, munido dos recursos científicos apropriados para interpretá-las correta e explicativamente.

---

15 Observei diretamente, em meados dos anos 1950, os desdobramentos sociais desse processo na fábrica em que trabalhava quando era adolescente, quando, no momento do processo de trabalho mais artesanal e menos moderno, as operárias da respectiva seção, numa sequência de dias, tiveram a visão de Satanás na cabeceira da sua bancada de trabalho. Cf. Martins, *A aparição do demônio na fábrica: origens sociais do Eu dividido no subúrbio operário*.

Capitalismo e escravidão na sociedade pós-escravista

Sob forma diversa da de nossas escravidões anteriores, a parda e indígena e a negra e africana, que não eram sociológica e juridicamente as mesmas, transformada, a escravidão persiste no Brasil em nova e terceira forma. É outra, com diferente função imediata, econômica e histórica. Mais complexa do que as anteriores, pois conexa de múltiplas determinações, tanto de temporalidades desencontradas quanto de imaginários pré-modernos, persistentes no senso comum contemporâneo. Quanto, ainda e principalmente, na recriação de relações de trabalho propriamente escravistas, no entanto complementarmente constitutivas da reprodução ampliada do capital.

O que faz da sociedade em que ocorre, como esta, o oposto do que é nela visível. Por que teima em ressurgir o que é supostamente ultrapassado e superado como necessidade do próprio capital?

Aquilo cujo desvendamento depende, portanto, de pesquisa científica para descoberta de suas ocultações e singularidades, de suas determinações explicativas e profundas. Descoberta daquilo que explica sua diferença, suas anomalias econômicas, como a corrupção, e suas misérias, como a fome, vulnerabilidades que contribuem para a persistente regeneração atualizada do cativeiro. Não basta dizer que a sociedade capitalista se determina por suas contradições constitutivas. Nas ciências sociais é necessário identificar as expressões sociais dessas contradições e sua eficácia no surgimento de modos de vida e de trabalho degradados, como na sobre-exploração e na escravidão de hoje. Ou seja, as expressões e formas sociais descompassadas em relação ao característico e dominante no processo do capital.

No plano teórico, a sociologia que perfilha a concepção marxiana da dialética, que não se confunde com a concepção marxista, a vulgarizada, distingue-se por considerar em sua perspectiva crítica que o processo do capital que analisa, em primeiro lugar, é o do seu desenvolvimento desigual, do *Grundrisse*. Não o limita ao desenvolvimento igual de *O capital*, como mostra e interpreta Henri Lefebvre. Em meu modo de ver, é essa interpretação lefebvriana que permite avançar na compreensão e na explicação da "escravidão contemporânea", como momento do processo do capital que se expressa e ganha sentido no conjunto da mais-valia nele extraída, tanto por meio das relações apenas capitalistas de produção, as da mais-valia absoluta, quanto por meio das relações especificamente capitalistas de produção, as da mais-valia relativa.

Apesar das obras relativamente numerosas dedicadas à "escravidão contemporânea" no Brasil, sob rótulo de trabalho acadêmico, sobretudo nas últimas décadas, a maior parte não é propriamente acadêmica, isto é, científica. A maior parte é informativa, mais expressão de um jornalismo de combate às injustiças sociais, de denuncismo e militância partidária. Ajuda a construir um catálogo nacional de iniquidades, mas é raro que esses trabalhos sejam cientificamente explicativos ainda que eventualmente elaborados na universidade. No geral, dominados por um senso comum limitado, baseado em estereótipos e em conceitos esvaziados do requisito científico que lhes dê sentido. Não é incomum que os autores contribuam para confundir análises e interpretações e, com isso, empobreçam a práxis de entidades e movimentos dos que se inquietam com a injustiça no trabalho escravo contida e queiram vencê-lo e erradicá-lo.

A "escravidão contemporânea", no Brasil, diferentemente do que muitos pensam, não é resquício do "nosso" passado, como já mencionei. Ocorre, também, em outros países, o que

Capitalismo e escravidão na sociedade pós-escravista

a revela como constitutiva não só da formação do capitalismo, mas expressão de necessidades, ocultas à teoria conhecida, de relações não capitalistas para reprodução do capital numa economia marcada por insuficiências sociais, criminalidade econômica e limitações graves de vocação empresarial, como esta.

Aqui, a acumulação primitiva de capital não se deu apenas nem propriamente como desenraizamento e privação do trabalhador de qualquer propriedade que não fosse apenas a propriedade de sua força de trabalho. Processo oposto ao do que aconteceu na Europa de referência da teoria. Aqui, o trabalhador que precedeu o advento do trabalho livre não era proprietário de nada, não era um camponês com direito tradicional de uso da terra para seu trabalho. Era ele mesmo servo, já submetido a uma das duas formas de cativeiro que deram vida econômica ao Brasil Colônia e ao Brasil residual do passado que se prolongou até a Lei Áurea. Era tratado como semovente, como animal de trabalho.

Aqui, a abolição da escravatura se deu para fazer com que deixasse de ser ele mesmo mercadoria e o tornasse, finalmente, proprietário. Mas apenas de sua força de trabalho, para que pudesse vendê-la como sua única mercadoria em troca de salário. Isso pode ser observado na longa história de relações laborais anômalas do país para, com a abolição da escravatura, em 1888, instituir aqui a base jurídica da universalidade do trabalho livre.

Essa singularidade de nossa história econômica e social expressa necessidades próprias de um modelo atrasado de capitalismo que imita as formas do capitalismo desenvolvido, mas que depende de iniquidades econômicas e sociais para preencher as formas não capitalistas mediadoras de sua reprodução numa situação histórica que lhe é adversa, para dar-lhes conteúdo mutiladamente capitalista. São as contradições aqui produzidas e reproduzidas no processo do capital, isto é, em nossas condições sociais, econômicas e políticas, em nossas limitações herdadas de nossa história.

No Brasil e em outros países estruturalmente semelhantes, a consciência crítica pobre desconhece a historicidade peculiar e diferente do modo de reprodução do capital que lhes toca. Limita-se ao uso meramente rotulador da palavra "capitalismo", sequer conceitual, por desconhecer-lhe as determinações históricas e a realidade profunda das injustiças que nela se ocultam e lhe são constitutivamente necessárias.

É ela indicativa da ocultação da totalidade de determinações e contradições de um capitalismo da margem, que se propôs historicamente como desdobramento tardio e atrasado do modo capitalista de produção. Expressão do que defini, em *O cativeiro da terra*, como produção capitalista de relações não capitalistas de produção. Com a abolição jurídica da escravidão em 1888, o "sistema explodiu" e expôs que, no subcapitalismo da periferia do capitalismo, oculta-se a degradação das relações laborais sob formas de sobre-exploração do trabalho e, no limite, de escravidão. É disso que trato neste livro.

Apesar de interpretações densas e sólidas, baseadas em pesquisas científicas, que se tornaram clássicas e referenciais entre nós, ainda prevalece aqui o desconhecimento, de muitos, do que foi o escravismo brasileiro. Em decorrência de banalizações e de interpretações simplificadoras, a escravidão tem aqui uma história ainda mal conhecida. A própria questão de sua interpretação científica continua aberta. Especialmente a da sua recriação e persistência mesmo depois da Lei Áurea e de declarada sua extinção legal, mas não propriamente social.

Capitalismo e escravidão na sociedade pós-escravista

Neste livro, sugiro uma reformulação de perspectiva para aperfeiçoar a análise da escravidão que entre nós renasceu com a extinção formal do cativeiro protegido pela lei. A diferença da escravidão atual, em relação ao nosso escravismo histórico, é a de que a atual é ilegal, é crime definido nas leis e nos tratados de que o país é signatário. A escravidão histórica era baseada em leis e códigos de outra época, sobretudo em artimanhas que tornavam legal o que legal não fosse. A escravidão indígena persistiu muito além de sua extinção pelo *Diretório dos índios do Grão-Pará e Maranhão*, de 1755, com base nas chamadas guerras justas, supostamente do índio contra o branco, quando era de fato do branco contra o índio.

É pobre combater a escravidão na atualidade sem compreendê-la corretamente, em suas determinações atuais, constitutivas de um capitalismo de periferia, que tem nela a contradição de uma fonte de acumulação primária de capital e um fator de bloqueio do desenvolvimento econômico e, também, social.

Fernando Henrique Cardoso, em *Capitalismo e escravidão no Brasil meridional,* sua tese de doutorado em sociologia, sob orientação de Florestan Fernandes, na Universidade de São Paulo, foi dos primeiros, senão o primeiro, entre nós a situar corretamente o escravismo brasileiro no marco da formação do capitalismo.[16] Em vez de a ele se referir como etapa de um capitalismo que no Brasil repetiria o modelo inglês ou o modelo americano. Foi-o, também, Fernando Antônio Novaes.[17] Abriram o caminho para a compreensão científica do que é para mim essa persistente e fundante "anomalia" social.

---

16 Cf. Cardoso, *Capitalismo e escravidão no Brasil meridional.*

17 Cf. Novais, *Portugal e Brasil na crise do antigo sistema colonial (1777-1808).*

Não obstante, permanecem entre nós concepções de uma história de relações sociais degradadas, mais especificamente na degradação das relações de trabalho. Nosso imaginário dessa injustiça expressa, em suas reações corporativas e identitárias, uma mentalidade que nega as contradições que as produziram e produzem e nisso nega o que é concretamente a liberdade, como superação histórica.

O Brasil já não celebra o 13 de maio, aniversário da Lei Áurea, de 1888. Em nome de uma data "mais autêntica" do que a da lei assinada pela princesa Isabel, foi ela substituída pela do aniversário da morte de Zumbi (20 de novembro de 1695). Ele foi, simbolicamente, o grande líder revoltoso da Serra da Barriga, no Quilombo dos Palmares, em Alagoas. Reduto de quilombolas que resistiram por quase um século ao assédio e à guerrilha escravistas dos mamelucos que consideravam o quilombo um viveiro de escravos a serem pilhados em pagamento de sua ação repressiva.

Quando pressões de motivação racial, religiosa, militar, ideológica ou de outro tipo definem o rol de nossas celebrações históricas e os marcos de nossa memória coletiva, na verdade são elas instrumentos de manipulação do imaginário da sociedade inteira. São meios de usurpar e instrumentalizar a história contra o que é próprio da história, a pluralidade de suas alternativas e de seus protagonistas. São expressões das contradições que definem e contrapõem compreensões, condições e possibilidades do processo histórico. Condições da práxis de superação das contradições, das adversidades, das injustiças e dos bloqueios históricos à transformação social emancipadora de todos e não só de uns tantos.

Capitalismo e escravidão na sociedade pós-escravista

Disputar a verdade histórica na imposição de datas celebrativas é impor a todos a verdade de alguns e a todos negar o que é próprio da história, o conflito, os avanços e os recuos da sociedade, o desenvolvimento social como saldo positivo da realidade de conflitos, o ganho social e coletivo do crescimento da humanidade do homem na pluralidade libertadora de sua situação social. A que o liberta de suas particularidades sem delas privá-lo.

Quem usurpe ou tente usurpar a interpretação da história para impor sua ideologia do que supõe ser a história, em nome de sua luta pela afirmação identitária, pode estar legitimamente em busca de reconhecimento de identidade de um grupo de referência. Sua limitação é a de que tanto quem age nesse sentido quanto quem resiste no sentido oposto encontra pela frente a barreira de que lutas desse tipo se perdem basicamente porque não se orientam por propostas de reconhecimento que sejam ao mesmo tempo identitárias e afirmação da pluralidade social própria das diferenças que cada vez mais caracterizam o que a sociedade é.

Somos um povo com grande dificuldade para reconhecer o direito à diferença e à pluralidade, o que se materializa numa intolerância crônica que não nos libertará nem nos emancipará de nossos determinismos e de nossa alienação. A persistir nessa pobreza de compreensão da realidade, seremos sempre escravos do nosso atraso.

A minimização da Lei Áurea decorre de uma carência ideológica tardia, de hoje, a do justo reconhecimento do negro como protagonista, a seu modo, da libertação de seus antepassados da escravidão. Porém, está em jogo, aí, o questionamento da pluralidade social e racial do que foi e tem sido a resistência à própria escravidão do negro e da luta mais ampla pela liberdade no país. Sem a liberdade dos outros, a do negro teria sido e será, em sua forma inconclusa, apenas uma quimera.

Proponho aqui uma ampliação da compreensão do que a escravidão foi e do que ainda é em suas revivescências, expressão de uma função antissocial nas funções do cativeiro. É preciso decifrar fatores e causas dos mecanismos de minimização da condição humana como fator de um capitalismo, como o nosso, retrógrado, que ainda depende de formas arcaicas de exploração do trabalho para se equiparar artificial e violentamente ao padrão de reprodução ampliada do capital dos países ricos e desenvolvidos.

Capítulo V
Contradições do cativeiro
de ontem e de hoje[1]

Tendo como referência a questão judaica na Alemanha, no seu tempo, no século XIX, Karl Marx já havia analisado o problema sociológico do direito à identidade e à diferença no marco da pluralidade social, que é o da sociedade moderna. No centro dessa questão, a emancipação de todos e não só a emancipação de alguns. A diferença entre judeus e cristãos é expressão do desenvolvimento desigual das sociedades, judaísmo e cristianismo como religiões datadas, expressões de momentos e circunstâncias.[2] Não obstante, essas diferenças datadas podem se expressar nas diferenças de identidades, religiosas no caso, de concepção do outro e de concepção da emancipação das pessoas e grupos do gênero humano. Os judeus queriam sua emancipação política, mas emancipação política como judeus, sem considerações sobre a alteridade dessa particularida-

---

1 Versão revista e ampliada de meu artigo Abolição, outra história, in: Caderono Eu& Fim de Semana, *Valor Econômico*, ano 20, n.1.017, 5 jun. 2020, p.3.

2 Cf. Marx, La cuestión judía, in: Marx; Ruge, *Los anales franco-alemanes*, p.225.

de. A emancipação política pressupõe a emancipação de todos no processo de constituição da universalidade do gênero humano. Uma questão complicada. Diz Marx: "Antes de poder emancipar a outros, temos que começar por emancipar-nos a nós mesmos".[3]

Marx desenvolve, nessa questão, as decorrências do dilema de ser alemão ou ser homem, isto é, humano. Uma coisa é a opressão que alcança o alemão e outra é a opressão que alcança o homem. Portanto, a emancipação é reivindicação cujo teor propõe ou limita a concepção de gênero humano, de humanização do homem.[4]

Mais de um século depois, Henri Lefebvre, continuador e atualizador da obra de Marx, em perspectiva enriquecida por todas as revelações do tenso desenvolvimento do capitalismo em direção à sociedade contemporânea, retorna ao problema da diferença social no marco do princípio da particularidade e do princípio da universalidade.[5] A particularidade se manifesta como diferença num mundo tendente a diferenças multiplicadas em oposição a identidades homogeneizantes,[6] o que implica a questão do direito à diferença, na medida em que, na perspectiva da constituição do gênero e do humano, é ele o direito ao possível, ao de um outro modo de vida.[7] Isso põe a sociedade em face do "combate titânico entre poderes homogeneizantes e capacidades diferenciais".[8]

---

3 Cf. ibid.
4 Cf. ibid., p.223.
5 Cf. Lefebvre, *Le Manifeste différencialiste*, p.15 e 43.
6 Cf. ibid., p.47-8.
7 Ibid., p.38 e 79.
8 Ibid., p.49.

Capitalismo e escravidão na sociedade pós-escravista

Na perspectiva desse princípio de referência, sociologicamente contido nas situações sociais e nas tensões que as caracterizam no mundo contemporâneo, a sociedade acaba se tornando uma sociedade de diferenças na unidade do processo de humanização do homem.

O que é sociologicamente claro e simples é antropologicamente complicado. Em diferentes sociedades e numa mesma sociedade culturalmente diferençada, podem ocorrer casos de dupla identidade social, referidas a estruturas sociais distintas, mas coexistentes, decorrentes de dupla socialização. São expressões reveladoras da dificuldade de trazer para o cotidiano a questão do historicamente possível sob a forma de modos alternativos de viver.

Pode, no entanto, ocorrer sucessivamente em situações sociais distintas entre as quais a pessoa se desloca. Tem ocorrido com migrantes e imigrantes cuja ressocialização na sociedade de adoção é incompleta e inconclusa, como mostrou Everett Stonequist.[9] Caso do índio bororo Tiago Marques Aipobureu, que ao longo da vida viveu o tormento de sentir-se branco quando na tribo e bororo quando entre os brancos.[10] São os casos das diferenças irrealizáveis porque não expressam um possível de superação das contradições e dos bloqueios à humanização emancipadora e libertadora.

O que o nosso abolicionista Joaquim Nabuco havia analisado com grande lucidez sociológica, em relação a escravos e senho-

---

9 Cf. Stonequist, *O homem marginal: estudo de personalidade e conflito cultural*.

10 Cf. Fernandes, Tiago Marques Aipobureu: um Bororo marginal, in: *Mudanças sociais no Brasil*, p.311-43; Baldus, O professor Tiago Marques e o caçador Aipobureu, in: *Ensaios de etnologia brasileira*, p.92-107.

res de escravos no Brasil: a reciprocidade relacional de ambos os fazia os mesmos como vítimas da desumanização própria da escravidão. Não havia como libertar um sem libertar o outro.[11] O senhor de escravos libertava-se na libertação do cativo.

Mas os escravos foram juridicamente libertados sem que os senhores de escravos também se libertassem da escravidão. Os senhores entraram no mundo do capital moderno quase subitamente. Carregavam nas costas a complicada herança do cativeiro inconcluso porque persistente em relações escravistas ilegais e ocultadas na liberdade reduzida a mera dissimulação.

Para eles, senhores de escravos, a escravidão não terminou em 13 de maio de 1888. Muitos continuaram a lutar politicamente para ter indenização do governo pelos escravos de que a Lei Áurea os privara. Ainda que o governo tivesse instituído a política compensatória da imigração subvencionada, do imigrante estrangeiro de passagem para o Brasil paga pelo Estado, para repor com ele, no trabalho do eito, os braços que a abolição libertara.

O imigrante que seria colocado gratuitamente nas fazendas, como nova modalidade de força de trabalho, diversa da do escravo, mas, em suas várias insuficiências e coações, de certo modo recriação dele sem dele fazer escravo. Longe do que se diz, o colono, embora livre, nunca foi propriamente um trabalhador assalariado, o típico operário capitalista. O próprio ex-escravo permanecia no trabalho da grande lavoura, pois também ele continuava carecendo dos meios para subsistir.[12]

---

11 Cf. Nabuco, *O abolicionismo*, p.39.

12 Fernandes, *A integração do negro na sociedade de classes*, v.I, p.16. Um grande fazendeiro de café, o Conselheiro Paula Souza, teve uma carta

Capitalismo e escravidão na sociedade pós-escravista

Na relação não capitalista de produção do trabalho livre ainda que não salarial, o subcapitalismo brasileiro assegurava-se e assegura-se uma fonte extraordinária, porque não capitalista, de acumulação de capital. Uma compensação por suas deficiências estruturais e situacionais, periféricas, de capitalismo tardio e da margem. O capitalismo defeituoso multiplica injustiças sociais para funcionar como capitalismo estruturalmente "normal", que não é. E politicamente não pode ser porque protagonizado por uma burguesia majoritariamente e irremediavelmente sujeita ao poder geopolítico dos países dominantes. Uma burguesia destituída de competência inovadora e criativa porque não tem alternativa política para superar a dependência que a limita.

O escravo foi, assim, substituído pelo imigrante gratuitamente colocado nas fazendas no lugar dos cativos, não raro nas mesmas senzalas adaptadas, com a colocação de portas e janelas onde portas e janelas não havia.

Esse é o lado sociologicamente oculto da escravidão. O escravo era animal de trabalho. Como mencionei antes, porque comprado e pago em dinheiro ao traficante de seres humanos que o vendia, era renda capitalizada, não era apenas um trabalhador. Era antecipação de rendimentos quando comprado e pago, os rendimentos que seriam obtidos com seu trabalho pelo senhor seu dono. Era equivalente de dinheiro vivo, muito

---

publicada no jornal *A Província de São Paulo*, às vésperas da abolição da escravatura, em que narra as vantagens econômicas que tivera antecipando-se à abolição, ao libertar seus escravos e reempregá-los como colonos livres. Cf. Souza, Valioso testemunho, *A Província de São Paulo*, anno XIV, n.3.906, 8 abr. 1888, p.1.

mais do que trabalho vivo. Era aceito como garantia de empréstimos hipotecários como o será, depois de 1850, a propriedade da terra.

Não obstante o fim da legalidade da escravidão, em 1888, os fazendeiros personificavam ainda, no relacionamento com o trabalhador livre, concepções da relação social com a senzala, o trabalhador livre considerado e tratado como ser inferior e subalterno e não como alguém de fato juridicamente igual.[13] O trabalho com as próprias mãos estigmatizava, como ainda estigmatiza, diferente do que é próprio do modo *e da forma* capitalista de produção. Mas não era só isso. A igualdade chegava à vida cotidiana do colono como igualdade de comprador, expressa num livro de contas em que a biografia do colono era sintetizada em páginas de dupla coluna, a do deve e a do haver.[14]

Não é estranho, portanto, como já havia assinalado Euclides da Cunha em livro do começo do século XX, que a escravidão tenha persistido sob outra forma de cativeiro na sociedade do trabalho livre, a atual.[15]

Os antigos senhores tornaram-se autores de uma modernização defeituosa e superficial, fragmentada e mutilada, anacrônica e antimoderna. Mesmo quem não foi senhor de escravos nem fora educado na cultura e na sociabilidade do cativeiro, do senhorio sobre seres humanos reduzidos à condição de coisa. Na verdade, pós-moderna porque híbrida.[16] Assim, persona-

---

13 Cf. Holanda, Prefácio do Tradutor, in: Davatz, *Memórias de um colono no Brasil (1850)*, p.5-35.

14 Cf. Witter, *Ibicaba, uma experiência pioneira*, p.87-165.

15 Cf. Cunha, *À margem da história.*

16 O antropólogo Néstor Garcia Canclini, em referencial análise dessas características das sociedades latino-americanas, sugere que somos

Capitalismo e escravidão na sociedade pós-escravista

gens ativos de um capitalismo subdesenvolvido e não integrativo cuja reprodução econômica, social e política se determina continuamente pela injustiça laboral arcaica que repousa silenciosamente em suas estruturas sociais profundas.

A "escravidão contemporânea" é o resultado dessa metamorfose, do lucro baseado na minimização da pessoa que trabalha, ao sonegar-lhe a contrapartida necessária do trabalho que realiza, para se reproduzir como força de trabalho para o capital.

Nesse sentido, todos nós somos negros, na medida em que negra era a cor da escravidão e do trabalho e branca era a cor da chibata, do tronco e da injustiça laboral. Hoje traduzidos no que minimiza o trabalhador, seja o desemprego, o subemprego, o abandono. O desvalimento próprio de uma sociedade imprevidente que o descarta quando deixa de ser mais lucrativo do que a taxa média de lucro, em vez de tratá-lo como criador social de capital. Cuja mediação é um dos fatores da rentabilidade do capital. Trabalhador, no mundo do capital, é potencialmente muito mais do que braço que trabalha, que faz o trabalho físico de transformar matéria-prima em produto. Trabalhador é, também, senhor do conhecimento que ele tem do que o trabalho é.

A escravidão negra acabou, em 1888, apenas e simplesmente porque deixou de ser lucrativa. O trabalho livre era mais barato do que o trabalho escravo,[17] porque para ter o trabalho do escravo seu senhor tinha que comprar seu corpo. Mercadoria,

---

"pós-modernos desde sempre". Cf. Canclini, *Culturas híbridas: estrategias para entrar y salir de la modernidad.*

17 Cf. Williams, *Capitalism and Slavery.*

o escravo era regulado pelas leis do mercado. Com a cessação do tráfico, em 1850, quanto mais raro, mais caro. Era imobilização inútil de capital nesse corpo, uma dedução do montante do capital produtivo. O trabalhador livre fazia e faz o mesmo trabalho sem que o capitalista tenha que comprá-lo. Portanto, sem ter que pagar por aquilo, o corpo, que não vai interferir no processo de produção da riqueza e do lucro, sem imobilizar capital improdutivamente. O trabalhador livre é substituível gratuitamente, sem custo, o escravo não o é senão pela compra de outro escravo. Na escravidão, quando um escravo morre, morre o capital nele investido. Essa era a maior irracionalidade anticapitalista da escravidão negra.

Na escravidão de agora, a chamada "escravidão contemporânea", entre nós a escravidão por dívida, a regra será e já é outra porque o cativo é o cativo temporário do cativeiro circunscrito a determinado momento do processo de trabalho e não necessariamente decisivo no processo de produção, isto é, de reprodução ampliada do capital. O que o trabalho produz não é o produto físico do trabalho, mas o capital a mais, não pago, que do trabalho resulta. No caso das novas fazendas, abertas nas frentes de expansão, como na Amazônia, o trabalho escravo se materializa sobretudo na derrubada da mata, na produção de fazendas e não na produção do produto das fazendas, como assinalei antes. Por isso, a despesa com o trabalho não tem a forma de capital variável na composição orgânica do capital, embora tenha essa função. Tem a forma de renda capitalizada na compra e sujeição do trabalhador por meio da dívida, seu corpo como crédito do capital e débito do trabalhador. O que é nele pago não é nem tem a função de capital variável, sob a forma de salário. Daí seu caráter escravista.

Capitalismo e escravidão na sociedade pós-escravista

O cativeiro de agora não é apenas para reproduzir o capital, mas para baratear sua reprodução. Portanto, um trabalho substituível por meios tecnológicos do próprio capital, uma substituição protelada. Aconteceu com a substituição do boia-fria no corte de cana por tecnologia avançada que tornou irrelevante o trabalho propriamente dito. Mesmo na derrubada da floresta para formação de fazendas na região amazônica, fulcro decisivo e típico-ideal de renascimento da escravidão por dívida nos anos 1960 e 1980, redesenhada a paisagem, o trabalho escravo se torna desnecessário. O uso de tecnologias de radical supressão da mata para plantação de pastagens ou lavouras de produtos de exportação, como o correntão puxado por trator, substitui a brutalidade contra a pessoa pela brutalidade contra a natureza.

Aquilo que, sociologicamente, subsistiu da verdadeira escravidão foram a forma social do trabalho e suas condições, de suas determinações pelo primado do lucro sem limites nem condições sociais, no desconhecimento de que o trabalhador é um autor do capitalismo e o capitalista um funcionário do capital, como o define Marx.

Reduzir a luta pela liberdade ao imaginário do passado de uma parte da sociedade só tem sentido como componente de uma grande luta coletiva pela liberdade de todos. Reduzir o questionamento da escravidão ao lá atrás e desconhecer que persistem fatores de escravização dos seres humanos neste país, no agora e no futuro que desse agora decorre, é tão reacionário e alienador quanto ser cúmplice, até por omissão, do senhor de escravos de qualquer época.

Pardos e brancos também quiseram o fim da escravidão, como os monges de São Bento, que libertaram todos os seus escravos, em suas fazendas e mosteiros, dezessete anos antes da Lei Áurea, em 1871, no dia seguinte ao da Lei do Ventre Livre. Lúcidos e cultos, compreenderam que aquela lei já antecipava o desejado, inevitável e necessário término do cativeiro. Não havia, pois, nenhuma racionalidade em estendê-lo por mais tempo.

Em boa parte, a consciência beneditina decorria de que muitas de suas fazendas eram modernas para a época. Havia as que utilizavam escravos de aluguel e não escravos próprios, poupando desse modo a imobilização improdutiva de capital no trabalhador. O que lhes permitia pensar o capital de que dispunham em termos propriamente capitalistas, isto é, separando a força de trabalho e o corpo do trabalhador escravo, um do outro. Utilizando o trabalho como capital variável, livre da condição de renda capitalizada e em si mesma improdutiva, anticapitalista, porque produtivo é o trabalho e não o corpo do trabalhador. Com a diferença de que o trabalhador ainda era escravo de alguém que por ele recebia o aluguel de seu corpo de quem de seu trabalho se utilizava. A propriedade do corpo do trabalhador separada da força de trabalho, uma separação estruturalmente decisiva para viabilizar a reprodução capitalista do capital na transição do trabalho escravo para o trabalho livre.

A abolição da escravatura no Brasil acabaria sendo apenas a libertação do corpo do trabalhador da escravidão que dele fizera um animal de trabalho, diferençado dos outros semoventes porque era um animal que pensava, falava e gemia, consciente da tortura do tronco e da chibata, o que lhe restava residualmente da condição humana de que fora privado quando capturado e convertido em mercadoria.

Capitalismo e escravidão na sociedade pós-escravista

A Lei do Ventre Livre já pressupunha o declínio da oferta de força de trabalho e, portanto, a elevação do preço dos escravos. Mesmo que os negros dela nascidos, pela dependência em relação aos pais, se transformassem, como se transformaram, em mão de obra gratuita de quem os tutelava. Isso já havia acontecido, desde 1755, com os índios administrados emancipados pelo Diretório dos Índios do Grão-Pará e Maranhão,[18] abandonados à margem da sociedade ou da grande propriedade ou mesmo dentro dela, na figura do agregado.

Em princípio, não tinha sentido recorrer a artifícios para prolongar a escravidão até 1888, como fez a maioria subcapitalista e inculta dos grandes proprietários de terra. É que a *escravidão* era também um poder político e um modo de mandar, era muito mais do que o homem subjugado como trabalhador escravo.

Mas era, sobretudo, um meio de obter créditos hipotecários. Nesse sentido, o escravo mais caro era, também, o trabalhador mais lucrativo para seu senhor, ainda que menos produtivo de riqueza. Maior o valor do bem hipotecado, maior, também, o capital obtido com os empréstimos lastreados na mercadoria escravo. A irracionalidade lucrativa da escravidão escravizava o próprio senhor de escravos enquanto capitalista em potencial, em gestação, irrealizado.

O que emperrou a abolição da escravatura, por muito mais tempo do que a própria racionalidade do capital produtivo

---

18 Cf. *Directorio, que se deve observar nas povoações dos índios do Pará, e Maranhaõ em quanto Sua Magestade naõ mandar o contrario*, Lisboa, Na Officina de Miguel Ropdrigues. Anno MDCCLVIII, in: José Oscar Beozzo, *Leis e regimento das missõess: política indigenista do Brasil*, p.128-67.

podia e carecia, foi justamente a função da garantia dos empréstimos hipotecários que o escravo, coisa e animal de trabalho, representava. Foi o fator do grande empenho político dos ex-senhores de escravos, após a abolição, no sentido de obterem indenização pelos escravos libertados. Foi o motivo da queima de arquivos relativos à escravidão. Um modo de suprimir provas de direito de propriedade dos senhores de escravos sobre os cativos que a Lei Áurea não havia mencionado, nem ressalvado nem reconhecido.[19]

Onze dias depois da Lei Áurea foi apresentado na Câmara dos Deputados o primeiro projeto de lei que determinava o pagamento, pelo governo do Império, de pesada indenização aos proprietários de escravos libertados pela Lei de 13 de maio. Um dos projetos previa um total de Rs. 263.748:828$250, quase 264 mil contos, por 723.449 escravos, ainda assim avaliados abaixo do preço de mercado, a Rs. 537$900 cada um. Mais da metade deles nas províncias de Minas Gerais, do Rio de Janeiro e de São Paulo, as províncias do café.[20]

A renda capitalizada no cativo era diversa do *trabalho escravo* porque a ele não se reduzia. O preço do escravo ocultava os aspectos conexos da escravidão na forma dos referidos créditos hipotecários que por meio dele podiam ser obtidos, forma não capitalista do capital. Na escravidão estava ocultado o principal da sua realidade, o capitalismo possível, mas ainda inconstituído formalmente porque pela escravidão bloqueado.

---

19 Cf. Barbosa, Apresentação, in: Lacombe; Silva; Barbosa (orgs.), *Rui Barbosa e a queima dos arquivos*, p.11-26.

20 Cf. Lacombe et al., op. cit. p.66 e ss.

Capitalismo e escravidão na sociedade pós-escravista

Ou seja, o trabalho ainda não estava separado da pessoa do trabalhador, que é um requisito para o uso capitalista da força de trabalho. Para a maioria dos cativos, a sujeição do trabalho ainda se propunha como sujeição do trabalhador, não apenas ao capital, mas ao capital e à propriedade da terra, cujas lógicas podem ser combinadas, ainda que irracionalmente, embora opostas. A terra é, também, renda capitalizada, o oposto do capital propriamente dito, que pode se multiplicar por meio do trabalho assalariado. A renda pode crescer, porém de modo puramente especulativo, sem nada produzir. Mesmo a terra não usada na produção, como as terras baldias, pode aumentar especulativamente, não produtivamente, de preço.

No essencial, a luta contra a escravidão, ao libertar o *trabalhador*, libertava principalmente o trabalho e, com um e outro, a consciência de todos em relação à interpretação da história e à formação de nossa identidade como povo e nação.

Essa distinção implica outro modo de compreender o papel do negro em nossa história da liberdade. No período colonial e no Império, foi o escravo negro personagem de uma resistência marcada por atos de fuga, individuais e grupais, que, na prática, eram atos de negar seu trabalho a quem o escravizava. Esse era o detalhe decisivo. Não o de um certo ideal iluminista de liberdade.

Na história do cotidiano e fragmentário da resistência escrava e na consciência do próprio cativo, desde pelo menos o século XVIII, há evidências esparsas e crescentes de que nela o escravo já personificava o trabalho e não, em primeiro lugar, uma raça que, provavelmente, não era.

Ele sabia que no seu trabalho escravo estava a fraqueza de seu senhor e não na diferença racial, que era um subproduto

José de Souza Martins

da escravidão. Ele não defendia uma raça, já que a consciência do negro estava definida por sua identidade étnica e não racial. Ele defendia o reconhecimento de sua condição humana. Ele resistia ao escravismo que o reduzia à condição de mercadoria e coisa, que o desumanizava porque nele negava o ser humano que ele, antropologicamente, era e como tal se reconhecia.

Submetido a uma relação social degradante, era no poder de interpretação de seus atos e de sua sujeição por parte de quem o degradava que se expressava a nesga de sobra de sua consciência da alternativa à sua condição. Justamente, em decorrência da escravidão que lhe impunha sujeição de coisa, o escravo se expressava na consciência que de sua escravidão tinha seu senhor. Que era quem interpretava o comprometimento do processo produtivo nos diferentes atos de resistência e nessa interpretação traduzia, reduzia e mutilava os sentimentos e a consciência do escravo. Nessa deformação viabilizava a libertação de todos, também dos brancos e pardos, e não de cada um nem de cada grupo. Era nas entrelinhas cotidianas do cativeiro que o escravo decifrava o que a consciência de seu senhor lhe ocultava, que não era a escravidão mas a sociedade alternativa e livre que o cativeiro possibilitava e construía. A sociedade alternativa do branco como obra do escravo.

Era a libertação historicamente possível, menor do que a necessária. Todo o povo brasileiro até hoje é escravo dessa insuficiência em sua consciência pobre do que pode ser, na cumplicidade do conformismo que o subjuga aos fatores e agentes toscos e poderosos do subdesenvolvimento.

Encontrei documentos do século XVIII, em que o senhor pagava propina a pai de santo para que tirasse o banzo de seus

Capitalismo e escravidão na sociedade pós-escravista

escravos. E os livrasse de feitiço, nome genérico dos males que sofria e expressão do que era a concepção de doença de escravo. O escravo falava culturalmente por meio de atos e providências autoprotetivos de quem o escravizava. Até através do prejuízo econômico reconhecido no tronco em que era punido por sua eventual indisciplina. Porque no tronco era punido também o senhor de escravos ao debilitar o corpo de seu cativo e, nesse sentido, comprometer a função lucrativa da escravidão. Nos olhos e na violência de quem o castigava, o escravo podia decifrar a contradição do escravismo e expunha a debilidade de quem o escravizava.

O escravo falava indiretamente ao negar o cumprimento das funções próprias da escravidão. O que se evidencia nas táticas que os senhores de escravos adotavam para amenizar o que o cativeiro representava, as chamadas brechas do regime escravista. Era o caso da permissão para que o escravo tivesse sua própria roça, cujos produtos podia vender e ficar com o dinheiro.[21] Um fingimento social de liberdade para assegurar a economia impossível nos marcos da liberdade de todos.

Senhores e escravos completavam-se dialeticamente, também porque a dominação dependia de interação, de compartilhar significados que permitissem ao escravo compreender os códigos da escravidão e nela socializar-se para a obediência socializando, assim, o senhor para o mando. Era reciprocidade da desigualdade de condições humanas. A contradição que os unia, fazia-os, no fundo, os mesmos, como observou Joaquim Nabuco. O senhor, culturalmente, cativo de seu cativo, porque

---

21 Cf. Antônio Marques Perdigão Malheiros, *A escravidão no Brasil, ensaio histórico-jurídico-social*. São Paulo: Edições Cultura, 1944.

dele dependente. Não por acaso, a abolição, em 13 de maio de 1888, teve por uma de suas finalidades libertar os senhores, ao libertar o capital arriscadamente imobilizado no escravo, pela mediação de cuja liberdade o senhor se libertava.

O que, historicamente, faz desse ato uma efeméride da lenta história da liberdade no país, uma efeméride de todos. Não só para celebrar o que foi feito, mas para proclamar a necessidade de consciência do muito que falta fazer.

Na própria época da Lei Áurea, a categoria social de escravo não era, propriamente, unificada como categoria racial, a do negro. Os negros se distinguiam entre si pelos traços próprios dos diferentes e até conflitivos grupos étnicos de sua origem e pelas respectivas culturas e identidades. Negro, era o nome branco da diversidade de negritudes e etnias.[22] Na Irmandade de Nossa Senhora do Rosário dos Homens Pretos, de São Paulo, os conflitos étnicos eram acentuados e embutiam a desigualdade social que os negros, escravos ou livres, reconheciam e praticavam.

Os senhores de escravos levavam em conta essas diferenças, ao considerá-las e valorizá-las no preço dos cativos, quando os compravam ou vendiam. Como faziam com os animais, não raro examinando-lhes os dentes e as canelas para verificar maior ou menor capacidade de trabalho.

Negro era categoria genérica do vocabulário do branco, não do negro. O negro do vocabulário branco negava a negritude

---

22 Nesse sentido, no entanto, a libertação do escravo libertou nele a raça, sob a forma de cor. Cf. Octavio Ianni, *As metamorfoses do escravo: apogeu e crise da escravatura no Brasil meridional*. São Paulo: Difusão Europeia do Livro, 1962.

Capitalismo e escravidão na sociedade pós-escravista

para definir o escravo como força de trabalho. Uma categoria mercantil "branca" porque referida ao lucro que do escravo resultava e não à pessoa do cativo, ao ser humano.

A atual atitude em relação à Lei Áurea resulta de um equívoco de interpretação, por não se ter levado em conta a diversidade histórica do escravismo brasileiro. Em seu artigo 1º, diz ela: "é declarada extinta desde a data desta lei a escravidão no Brasil". A lei não se referia, necessariamente, apenas à escravidão negra, já que no Brasil houve várias escravidões, reguladas por distintas normas, desde o século XVI.

E nos interstícios da escravidão negra já surgia a escravidão de não negros regulada pela dívida que subjugava o trabalho e seu trabalhador nas funções de formação das novas fazendas de café.[23] O escravo negro, porque caro, ficava limitado ao trato e à colheita do cafezal. Porque não eram mercadoria, não eram comprados o pardo, o sertanejo e caipira, destinados às funções pesadas, perigosas e temporárias de formação das fazendas ou aos serviços auxiliares da escravidão. Ainda que temporariamente, eram mais escravos do que os oficialmente escravizados. Prenunciavam o surgimento da escravidão por dívida, já no final do século XIX, que se difundirá pelo século XX e neste nascente século XXI.

A Lei Áurea resumiu, expandiu e sintetizou as circunscritas e limitadas abolições anteriores, a da escravidão indígena (de 1755), e a negra, na Lei do Ventre Livre (de 1871) e na do Sexagenário (1885). Extinguia toda forma de escravidão no país, a negra e, também, qualquer outra que subsistisse em formas de sujeição que pudessem ser caracterizadas como es-

---

23 Cf. Davatz, *Memórias de um colono no Brasil* (1850).

cravidão, que era. Ela não se referia a eventual caráter racial da escravidão, embora a do negro fosse a escravidão formalmente subsistente das escravidões que tivemos. Sociologicamente, libertava o branco, escravo da escravidão que o beneficiava economicamente e o limitava, como cidadão e pessoa inacabados.

Legalmente, ela extinguia todas as escravidões brasileiras, de diferentes raças e etnias. É verdade que, como analisou Euclides da Cunha, com base em pesquisas próprias e diretas, em relação à Amazônia, já no começo do século XX, um novo escravismo surgiu no Brasil sob a forma da escravidão por dívida.[24] Na verdade, já começara a surgir pela altura da seca de 1877, quando cearenses foram estimulados a migrar para os seringais da Amazônia sob o regime do "barracão", o armazém do aviamento, o lugar das compras e das dívidas, que era o nome dado a essa modalidade de sujeição.

Além disso, com as relações de trabalho não capitalistas do trabalhador livre, nas variantes do trabalho por empreitada, difundiu-se ali o abuso de considerar o trabalhador como se fosse devedor inadimplente, empregado de si mesmo. Nesse sentido, responsável por seu próprio cativeiro, que supostamente alienara temporariamente sua liberdade por receber adiantamentos e subsistência em troca de um trabalho ainda não prestado. Coisa que foi própria dos fundamentos jurídicos da escravidão indígena e negra entre nós, mas ilegal a partir da Lei Áurea.

Essa, aliás, é lógica essencial das escravidões que se difundiram entre nós: a venda de si mesmo, em troca de subsistência, em momentos e situações distintos, tanto do negro africano quanto do índio do novo mundo, na detalhada e consistente

---

24 Cf. Cunha, *À margem da história*, p.8-9.

Capitalismo e escravidão na sociedade pós-escravista

análise jurídica que do assunto desenvolveu, em 1567, o padre Manoel da Nóbrega, formado em Coimbra, em carta à Mesa de Consciência e Ordens, em Lisboa, o tribunal de então.[25]

Justamente por isso, diferentemente de tudo que se diz, o trabalho escravo de modo algum foi aqui substituído pelo trabalho assalariado. Esse é um equívoco corrente nos estudos de historiadores brasileiros. A forma salarial do trabalho pressupõe que as necessidades de quem trabalha e de sua família são cobertas integralmente por seu salário em dinheiro. Em nossos regimes substitutivos da escravidão isso não aconteceu, nem mesmo no colonato das fazendas de café.

Por genérica e, nesse sentido, incompleta e imperfeita, a Lei Áurea, implicitamente, abriu caminho para que se definissem essas relações como análogas às da escravidão. Portanto, um novo escravismo, diferente do anterior, porque já nasceu ilegal, sujeito ao julgamento e punição de quem escraviza seu semelhante, mesmo que sob disfarces de igualdade jurídica.

Quem pretende estudar e analisar a chamada "escravidão contemporânea" sem recorrer à dialética que permita compreendê-la e interpretá-la como processo histórico que persiste, mas não é simplesmente contemporâneo, não descobre nem revela o que é a escravidão nem o que é o contemporâneo do subdesenvolvimento brasileiro.

---

25 Cf. Nóbrega, *Obra completa*, p.337-62.

Capítulo VI
Trabalho cativo no capitalismo em transe

As ilusões do seu proposital desconhecimento histórico escondem o fato de que a escravidão não foi aqui o que nos dizem ter sido. A começar de que, no regime escravista, no período pré-republicano e ainda no colonial, tivemos duas modalidades entre si bem distintas de cativeiro. A que submeteu as populações indígenas à servidão e ao serviço do homem branco e do próprio mameluco, filho da mestiçagem de mulher indígena com o branco que a subjugou. A do chamado índio administrado. Aquela modalidade de cativeiro, formalmente, mas não de fato, encerrada com o *Diretório dos Índios do Grão-Pará e Maranhão*, aprovado em 1755, cujos efeitos foram estendidos ao Brasil em 1757.[1]

Em segundo lugar, a que trouxe para o Brasil o negro africano capturado, em seu continente de origem, na prática iniciada

---

1 Cf. *Directorio, que se deve observar nas povoaçoens dos indios do Pará, e Maranhaõ em quanto Sua Magestade naõ mandar o contrario*, in: Beozzo, *Leis e regimentos das missões: política indigenista no Brasil*.

por árabes traficantes[2] ou por tribos inimigas, convertido em mercadoria e reduzido à condição de semovente, como animal de trabalho. Aqui, formalmente encerrada em 1888, com a Lei Áurea.

Diversa das duas escravidões anteriores, a escravidão renasceu, no Brasil, sob nova forma, antes mesmo de encerrado o ciclo da escravidão negra, a nova escravidão inventada a propósito das novas condições da economia de exportação e, mais adiante, da própria economia voltada para dentro, a do desenvolvimentismo. Com uma peculiaridade: a nova escravidão tem caráter maleável e ajustamento ao que é próprio de cada setor econômico e de cada momento do processo de produção.

Mas a velha escravidão também tinha brechas de emprego de trabalho livre, muito antes da adoção de medidas para encerrar cada uma de suas modalidades. As profissões artesanais no interior das grandes fazendas eram exercidas por homens livres. Até porque a qualificação profissional do artesão, mesmo que fosse ele índio ou negro escravizado, era feita pela relação entre o mestre livre e o aprendiz. Relação de ensino-aprendizado demorada e complicada. Mesmo sendo o aprendiz pessoa livre, no período dessa relação, o aprendiz ficava submetido a uma espécie de servidão temporária, de que se libertava ao passar

---

2 "Enquanto o tráfico transatlântico durou quatro séculos, os árabes arrasaram a África Subsaariana durante 13 séculos ininterruptos. A maioria dos milhões de homens por eles deportados desapareceu devido ao tratamento desumano e à castração generalizada." Cf. N'Diaye, *O genocídio ocultado: investigação sobre o tráfico negreiro árabo-muçulmano*, p.6. Cf., também, Céu e Silva, Foram os árabes muçulmanos que começaram o tráfico de escravos em grande escala (Entrevista com Titiane N'Diaye, *Diário de Notícias*, Lisboa, 13 jun. 2020).

Capitalismo e escravidão na sociedade pós-escravista

pelas provas de reconhecimento da qualificação profissional e ao tornar-se mestre.

Generalizar características e propriedades da escravidão negra e aplicá-las tanto ao pardo (o indígena) quanto ao branco escravizado dos dias atuais, desfigura, mistifica e adultera a realidade histórica dos três cativeiros e nisso impede que sejam corretamente interpretados. E, no caso atual, combatido e vencido.

Se as duas escravidões iniciais ficam mal explicadas na obra do pesquisador, historiador ou não, que tenha dificuldade para dialogar com as disciplinas afins, especialmente a antropologia, a terceira escravidão tem explicação fundamentalmente econômica. Enquanto base de atividade produtiva de um capitalismo atrasado. Mas pede sobretudo explicação sociológica, enquanto modo de sujeição que viola a concepção contratual das relações de trabalho próprias da sociedade capitalista e moderna.

Trato, neste livro, dessa terceira escravidão, sobretudo numa perspectiva de sociologia do conhecimento, em que procuro situar e desconstruir os enleios resultantes da redução da questão ao conceitualismo fundado num senso comum pobre e comprometedoramente sem fundamento na ciência e no método científico. Trata-se, portanto, também, de um estudo baseado na perspectiva da sociologia crítica. Não estou denunciando o já sabido. Descrevo-o, analisando e interpretando, explicando-o sociologicamente.

Muito palpite tem sido dado sobre o assunto nas últimas três décadas, especialmente aqui no Brasil, com base na visibilidade tardia das chamadas formas análogas à da escravidão nas relações de trabalho entre nós. Em pouco tempo, palpites choveram de todos os lados, na universidade e fora dela, nas igrejas, nos jornais, na pedagogia de militância, em tudo, enfim, em que havia a brecha para a denúncia sobre essa anomalia numa sociedade capitalista que se proclama moderna e faz de conta que o é. Mas denúncia que nem sempre se fundava e nem sempre se funda na carência de justiça da vítima. Funda-se, antes e mais, na carência ideológica de motivos para atuar partidariamente "contra", para afirmar a hegemonia de um partido político. E até para firmar prestígios pessoais na cultura do denuncismo que se reduziu à transformação da denúncia no espetáculo pseudopolítico da mera visibilidade de um problema social da maior gravidade. Uma motivação pobre, que embaralha a compreensão científica do gravíssimo problema de relações de trabalho violentas, constitutivas do modo subdesenvolvido de acumulação de capital no país e fora dele.

Mesmo em sua pobreza política, o denuncismo revelou, por implicação, sem ser essa sua motivação, não só que o capitalismo está muito aquém do que o capitalismo tem que ser para se regular por uma dinâmica econômica e social propriamente capitalista. É o caso brasileiro e de vários outros países em que, nas últimas décadas, tem proliferado as ocorrências de diversas ocorrências de trabalho escravo propriamente dito. São casos que indicam a metamorfose do capitalismo, convertido num capitalismo bem diverso do das teorias que o tem explicado desde o século XIX.

O capitalismo que chegou ao Terceiro Mundo é um capitalismo "imperfeito" em relação ao do modelo teórico, eivado de relações sociais arcaicas, de diferentes modalidades de violações das leis que representam conquistas da civilização. E, no meu modo de ver, em formas anômalas de extrair dos trabalhadores o lucro extraordinário propiciado pela sobre-exploração do seu trabalho.

Capitalismo e escravidão na sociedade pós-escravista

Poucos se dão conta de que o capitalismo, em países como este, nasceu anômala e tardiamente baseado em formas primitivas de acumulação do capital, como as escravidões que tivemos. Criou uma sociedade economicamente lucrativa, baseada em relações não capitalistas de produção.[3] Não desenvolveu naturalmente relações sociais de produção propriamente capitalistas nem viabilizou o nascimento e a disseminação de uma mentalidade plena e propriamente empresarial e capitalista. Nem associada a uma estrutura política apropriada ao capitalismo.

Ainda hoje, o comportamento das maiorias políticas e das oposições nas casas do Congresso Nacional expressam o nosso capitalismo insuficiente, desprovido da universalidade de que carece, que é a da referência mediadora da mundialidade do mercado. Decorrente dele, o projeto político sob domínio do localismo brasileiro e do oligarquismo a ele associado, que minimiza nossa democracia. A nação como tal anulada nas metas minúsculas dos municípios e das regiões.

Portanto, a política bloqueia a economia que bloqueia a democracia que bloqueia a força transformadora e modernizadora das necessidades e demandas sociais. Os elos das transformações sociais, políticas e econômicas no Brasil estão trincados.

A estrutura social brasileira é uma imensa colagem de realidades incongruentes, articuladas por um senso comum pobre, anticapitalista, centrado no pressuposto de que tudo que é lucrativo é capitalista e que mesmo as formas sociais retrógradas de produção e lucratividade são, em nome do primado do lucro, capitalistas.

---

3 Cf. Martins, *O cativeiro da terra*.

Não só no Brasil, mas também nos países do Terceiro mundo, o capitalismo pós-escravista reviveu práticas remanescentes da escravidão, reinventou-as, ajustando-as à realidade de um capitalismo que avança mais depressa nas tecnologias econômicas que desenvolve do que nas inovações sociais que poderia e deveria engendrar para acomodar, com justiça social, todos aqueles que tende a descartar.

Não é demais lembrar que Karl Marx, que separava, com rigor, ciência e militância, já havia observado que a sociedade capitalista é uma sociedade que fica cada vez mais rica e, ao mesmo tempo, cada vez mais pobre. Porque está em sua estrutura básica criar cada vez mais mercadorias com massa decrescente de valor, isto é, de trabalho. E, por extensão, com a minimização do próprio trabalhador e de sua pessoa, com a redução de sua condição humana na exclusão social que resulta de sua inclusão social perversa no capitalismo redutivo da função de quem protagoniza o trabalho.

A questão política está justamente no modo e nas condições em que são socialmente distribuídas mais riqueza e mais pobreza. A quem toca o que na loteria social dessa sociedade historicamente singular. Aí se põem não só a militância política de retificação e superação das injustiças, mas também o modo como se propõem à consciência social as injustiças decorrentes do modo de reprodução das contradições sociais. O que está sendo feito pelos militantes dessa causa, no geral, não corresponde a isso.

Muitos dos atuais exegetas da problemática da escravidão aqui no Brasil não se importam com o fato de que as simplificações ideológicas de suas análises tendam a um dimensionamento prioritariamente moral e religioso da questão e, por

Capitalismo e escravidão na sociedade pós-escravista

isso, anticientífico. Nesse sentido, cegam-se e, por motivação partidária, tentam cegar seus leitores para as grandes dificuldades interpretativas de uma questão como essa. Para eles, os modelos teóricos não foram criados para o estudo do irracional e contraditório, mas apenas para o estudo do não normal. Uma questão que não está no primeiro plano das análises convencionais nem está no primeiro plano da visibilidade que a sociedade capitalista pode ter na sua margem subdesenvolvida.

Ignoram o que Karl Marx e outros autores de referência necessária, porque, sem ela, a questão da escravidão não pode ser explicada no marco teórico correto e apropriado, mesmo aqui no Brasil, já analisaram e explicaram: o que é próprio da sociedade capitalista é que as relações sociais que a caracterizam são também as de que aqui não temos plenamente e carecemos. São relações que se apoiam num imaginário de acobertamento da crua nudez da desigualdade de compreensão que do trabalho tem quem vende a força de trabalho e quem a compra. São desiguais a lógica fundante da venda e a lógica fundante da compra. Isso resulta numa relação social e produtiva iníqua e num peculiar imaginário de legitimação da iniquidade estrutural de que o capitalismo necessita para capitalismo ser. Mas não tem que ser necessariamente. Essa economia pode ter seus efeitos socialmente problemáticos corrigidos e regulados. Se a massa de riqueza criada cresce sempre, cresce sempre a possibilidade de redistribuí-la, direcionando seu uso para metas sociais de emancipação crescente do trabalhador de suas carências e pobreza estruturais.

Uma indignação anticientífica, compreensível mas ineficaz, com a injustiça social própria e constitutiva dessa sociedade, perde-se na palavrosidade inócua, conceitualista, que não é narrativa do desvendamento científico das contradições sociais. O que significaria desvendar não só as condições das relações injustas, mas também das condições sociais e políticas de sua superação. E, portanto, da dimensão inovadora e transformadora da práxis. Para dar sentido à força da história que nelas, relações injustas, há.

Não fazê-lo é cair nas limitações do jurídico, reduzir tudo a culpar e punir os agentes e beneficiários da prática dessas relações. O que é insuficiente, mas inevitável e necessário, seja no que respeita à prática do que aqui se define, de maneira genérica, como escravidão, seja do que aqui se aceita como relações normais e justas de trabalho.

Certo desconhecimento simplificador decorrente da formação teórica pobre e inadequada, no que respeita a questões como essa, põe no lugar do conhecimento científico o mero senso comum deformado pela militância errante e até pelo afã de poder. Não permite o reconhecimento de que, na sociedade da acumulação privada dos excedentes do trabalho social, a mais-valia é ela estrutural e inerentemente injusta. Seja sob formas variadas de servidão e de empobrecimento não só econômico, mas sobretudo de humanidade, vivida muito aquém do nível já possível de humanização do homem, de sua libertação das carências elementares de sociabilidade e de sobrevivência.

Os explicadores de capitalismo, que surgiram em todas as partes, deixaram de lado, na economia, na sociologia, na história, a explicação principal, desenvolvida pelos que sabiam cientificamente o que estavam dizendo, já no século XIX e no início do século XX: *o desenvolvimento desigual do capital* como referência do processo de sua reprodução ampliada. É o que ex-

Capitalismo e escravidão na sociedade pós-escravista

plica a persistência e o renascimento de formas retrógradas de sujeição do trabalho ao capital, como a servidão e a escravidão.

Rosa Luxemburgo foi quem identificou e sistematizou, no desenvolvimento desigual do capital, a função do intercâmbio entre economias capitalistas e economias não capitalistas, forma de uso não capitalista dos excedentes do capitalismo.[4] Pela troca desigual, o produto local não capitalista como portador do valor a ser reconhecido na venda do produto final do processo de valorização e nela realizado.

Os ritmos desiguais do processo do capital foram distribuindo desigualmente, por diferentes classes e categorias sociais, justiça e injustiça, conquistas emancipadoras e carências degradantes, que foram colocando crescente número de pessoas à margem do socialmente possível e necessário. Isso ocorre não só aqui mas também em outros países da África, da América Latina, da Ásia e mesmo da Europa.

A degradação social decorrente de relações de trabalho que violam o que, à luz das condições e possibilidades do momento histórico, degrada não só a vítima direta, mas sobretudo o beneficiário direto do que, por ser iníquo, ultrapassa o nível de equilíbrio de que a sociedade carece para concretizar o que um dia poderá ser a sociedade justa.

Em face desse capitalismo anômalo, os maiores inimigos do capitalismo são os próprios capitalistas, engolidos hoje pela voracidade violenta do lucro. Aqueles falsos empresários que o são porque não compreendem nem demonstram competência para compreender que o capitalismo só pode perdurar com base na premissa da justiça social de contrapartida.

---

4 Cf. Luxemburgo, *A acumulação do capital*, p.314.

Os inimigos do capitalismo, em sociedades assim, não são os comunistas nem o é o comunismo. Muitos dos quais acabam sendo inimigos de sua própria causa por terem uma compreensão meramente evolucionista do processo do capital.

Portanto, nem explicaram o capitalismo nem expuseram suas contradições constitutivas, que geram os problemas da exclusão social. A acumulação do capital, desde sempre, não ocorre senão às custas da pobreza relativa que resulta do crescimento do capital constante às custas do capital variável, o crescimento do capital imobilizado nos meios e nos materiais de produção e a redução do capital aplicado no pagamento de salários.

Um conjunto de ingenuidades "políticas" e "narrativas" tenta dar conta dessa anomalia para encontrar uma saída para um sistema econômico que tem pouco controle sobre si mesmo e sobre os problemas sociais que cria. Apesar do exército de economistas e de supostos sábios devotados a encontrar pequenas brechas autoprotetivas que ritmam as crises com recuos parciais na exploração do trabalho e novas crises que evitam a crise contínua que poderia chegar à consciência social sob a forma de consciência política.

Neste livro, trato das implicações teóricas e interpretativas da chamada "escravidão contemporânea" na forma que assume no Brasil, disseminada entre nós após a abolição da escravatura, agravada no último mais que meio século, embora nascida um século antes da notoriedade atual da injustiça que a caracteriza.

Assunto geralmente deturpado, tanto por quem dela se beneficia quanto por quem do problema quer tirar dividendos políticos e êxitos profissionais e pessoais. Ou de quem pensa combatê-la ao transformá-la em objeto de visibilidade por

Capitalismo e escravidão na sociedade pós-escravista

meio do tratamento das vítimas como atores do espetáculo conjuntural da política e da injustiça.

Nem sempre há no centro das análises as duas vítimas: o trabalhador submetido às penas do cativeiro e a liberdade que não é só dele, mas é de todos os membros da sociedade por essa anomalia contaminada. Um único escravo numa sociedade como esta reduz a sociedade inteira à iniquidade da escravidão porque introduz em seu imaginário a deturpação de naturalizá-la. O que degrada as relações juridicamente definidas de trabalho.

Convém lembrar que esse foi um alerta do lúcido abolicionista brasileiro, Joaquim Nabuco, como já mencionei. É que a degradação do trabalho por esse meio dissemina seus efeitos pela trama social e econômica de que o trabalho é parte. Se numa sociedade baseada na premissa do trabalho livre alguém é escravizado, essa escravização ameaça a todos na implícita proclamação de que a liberdade é relativa, é muito menor do que supomos e não é permanente e contínua. Aqui, a liberdade tem se definido como mero resíduo do ganho sem ética e sem limite. É liberdade da lucratividade do capital e não liberdade das pessoas que para ele trabalham ou que delas dependem. É liberdade das coisas e da decorrente coisificação de seres humanos.

Omissões, enganos involuntários e, também, enganos propositais, mistificações e preconceitos impregnaram o nosso senso comum sobre o que foi e é a escravidão no Brasil. Senso comum que tem tido forte influência nas narrativas sobre a escravidão da atualidade. País em que, não raro, as pessoas julgam saber quando não sabem, é compreensível essa anomalia de entendimento do que têm sido, historicamente, as relações de trabalho entre nós.

Tivemos aqui três modalidades de escravidão, como mencionei. A mais notória, de marcas mais profundas, a escravidão negra que foi abolida em 1888 pela Assembleia Geral e assinada pela princesa Isabel, herdeira da Coroa brasileira.

Mas a escravidão terminou sem terminar. O trabalhador deixado à própria sorte, na miséria de um estado de anomia que se prolonga até os dias de hoje.[5] O negro vitimado pelas fantasias que no branco deixou a degradação do trabalho pela escravidão. A escravidão que engendrou a mentalidade escravista e sua visão de mundo, o que sociologicamente não pode ser abolido por leis e decretos nem por bravatas e arrogâncias de militância pretensiosa e autoritária. Mentalidade que nos capturou a todos e que reduziu o próprio senhor de escravos à alienação e à pobreza de consciência próprias do escravismo.

A escravidão mais disseminada entre nós, porém, foi a escravidão indígena. Antecedeu a escravidão negra e na maior parte do território foi, durante os dois primeiros séculos e meio de nossa história, a modalidade dominante de trabalho na lavoura e nos serviços domésticos.

No entanto, diferia profundamente da escravidão africana. As leis eram outras e os motivos e causas também. O índio era um servo, sujeito à administração do branco. Trabalhava para o branco em troca da catequese, para ser cristianizado. Isso não significa que não houvesse caça ao índio para vendê-lo em outras regiões, longe de seus territórios de origem. Mas no mais das vezes, no século XVI, cada jovem livre, ao chegar à idade adulta, participava de uma expedição de captura de índios no sertão para formar o plantel dos trabalhadores que iriam servi-lo

---

5 Cf. Fernandes, *A integração do negro à sociedade de classes*, p.81-220.

Capitalismo e escravidão na sociedade pós-escravista

pelo resto da vida.[6] Era definido como índio administrado e não como escravo. Há documentos que mostram que, no século XVI, em São Paulo, a esposa do branco e a serva indígena iam para a roça juntas para o trabalho da lavoura. Havia uma certa servidão da mulher, indígena ou não. Frequentemente, o senhor era um mameluco, um mestiço de branco e índia. Esse era um costume indígena.

Encerradas nominalmente, a escravidão indígena em 1755 e a escravidão negra em 1888, sobraram as formas residuais de cativeiro disfarçado na situação social dos agregados das grandes fazendas e, mesmo, do serviço doméstico. Pretensiosos críticos da "escravidão contemporânea" entre nós, praticam em suas casas os resíduos desse cativeiro antigo, também eles residualmente vitimados pela mentalidade de senhores de escravos.

Há muitos anos, no interior do Rio de Janeiro, testemunhei um fato surpreendente e esclarecedor. Eu fora convidado a dar um curso para um grupo de religiosas muito engajadas na pastoral social. Todas brancas, menos uma, que era negra. Elas se orgulhavam da postura e da ação em prol de justiça social que tinham. Numa das aulas, pedi-lhes que expusessem individualmente sua compreensão das questões que estávamos examinando no curso. A religiosa negra foi a última a falar. Muito serenamente, disse que compreendia perfeitamente essa persistência de resíduos do cativeiro. Naquela comunidade, as tarefas servis de lavar, passar, limpar banheiros, varrer, cozinhar estavam reservadas a ela. Não estavam distribuídas equitativamente entre elas. Claramente, uma divisão estamental do trabalho.

---

6 Cf. Monteiro, *Negros da terra: índios e bandeirantes nas origens de São Paulo.*

Foi dessa massa de gente desamparada que surgiu nossa terceira escravidão, quase sem descontinuidade, a escravidão por dívida, a escravidão sem cor, que se arrasta até hoje.

É ela uma modalidade de escravidão que contraria as regras e os pressupostos sociológicos e jurídicos do desenvolvimento do capitalismo e da ideologia do capital. Uma peculiar e anômala forma de trabalho que recua socialmente para que a rentabilidade do capital progrida e se iguale à do capitalismo dos países ricos, civilizados e desenvolvidos. Ou que permita capitalismo setorizado, em países como o nosso, em que o capitalismo se propõe redutiva e setorialmente. Aqui, o preço do capitalismo é a barbárie. Isso nos põe diante de questões teóricas e explicativas para que decifremos as contradições do processo do capital em suas singularidades e peculiaridades locais. Não adianta copiar e repetir, sem o conhecer, o capítulo primeiro de *O capital*, que é a maneira mais comum de recobrir análises imperfeitas e precárias com o álibi da citação de Karl Marx. Fora disso, somos apenas copistas e imitadores, o que não serve para nada. Certamente, não serve para decifrar as condições sociais e econômicas do problema e de sua solução.

Capítulo VII
A terceira abolição da escravatura[1]

Houve uma certa ironia da História na coincidência de que o 13 de maio, data comemorativa da Lei Áurea e da libertação dos escravos no Brasil, tenha sido precedido, em 2005, em dois dias, pela divulgação, em Brasília, de relatório da Organização Internacional do Trabalho (OIT) sobre o trabalho forçado no mundo atual. Foi quando se anunciou que ainda havia em nosso país, no mínimo, 25 mil trabalhadores escravizados. A coincidência nos diz que há aí muito a dizer e a esclarecer. Nós brasileiros, na imensa maioria, ignoramos completamente as anomalias de nossa história, vencidos que fomos pelo didatismo simplificador da ideologia positivista de Ordem e Progresso.

Mas nem só de Brasil vive a "escravidão contemporânea". Os dados da OIT, desse ano, mencionavam que havia no mundo, no mínimo, 12,3 milhões de pessoas submetidas a trabalho forçado. Na maior parte na Ásia e na região do Pacífico —

---

1 Publicado originalmente em *O Estado de S. Paulo* [Caderno Aliás], domingo, 15 maio 2005, p.J4-J5. Versão ampliada e atualizada.

9,5 milhões. A América Latina e o Caribe tinham 1,3 milhão. Portanto, é quase um alívio reconhecer que os números brasileiros eram proporcionalmente insignificantes. Nem por isso deixavam de ser indicativos de um problema estrutural grave na realidade do país, pois nos informavam que a escravidão que nos disseram haver acabado, em 1888, de fato não acabara.

O sistema econômico brasileiro continua gerando escravidão, agora como componente do próprio capitalismo que, teoricamente, é com ela incompatível. O que quer dizer que a concepção clássica de capitalismo não desvendou o que o capitalismo é nem identificou todas as conexões que fazem dele não só um sistema de contradições, mas também um sistema de anomalias.

A conexão entre capitalismo e escravidão tem sido identificada e analisada de diferentes modos por diferentes autores. Nos que nos estão mais próximos, é hoje impossível estudar a persistência do trabalho escravo sem levar em conta as pesquisas e estudos de Fernando Henrique Cardoso, Fernando Antonio Novaes e Octavio Ianni, sobre o Brasil, e o trabalho referencial de Eric Wolf, para o conhecimento do tema em relação ao chamado Novo Mundo.

O estudo da origem do capitalismo ficou esquematicamente vinculado à chamada acumulação primitiva. Esses mencionados autores, especialmente os que têm como referência o Brasil, ao recorrer ao método dialético, sugerem que se repense a questão da acumulação primitiva entre nós. Para compreender-se mais do que a persistência da escravidão como condição de reprodução ampliada do capital onde ela se dá marcada por insuficiências e impossibilidades de que em certos setores da economia se dê com base em alta composição orgânica do capital.

Capitalismo e escravidão na sociedade pós-escravista

Convém ter em conta, ainda, a análise crítica de Rosa Luxemburgo em relação à obra de Karl Marx. Ela demonstra que Marx explica a extração da mais-valia, o trabalho não pago, como fundamento da reprodução ampliada do capital, mas não logrou resolver o problema da realização dessa mais-valia, que se dá pela mediação do mercado, o aspecto mais essencial de sua teoria. Como pode quem não recebeu pelo trabalho o correspondente em preço ao valor criado comprar o produto que produziu e no mercado tornar real o valor contido na mercadoria e não pago ao trabalhador?

Essa é sua grande pendência teórica. Se a mais-valia é trabalho não pago, como é possível realizá-la para que se processe a reprodução ampliada do capital? Quem não recebeu a totalidade do valor que seu trabalho criou não tem como comprar o que produziu e quem se apropriou do valor do trabalho não pago não tem, em tese, a quem vender o produto que recebeu desse não pagamento. Em que se personifica o que não foi pago?

A escravidão atual, na perspectiva que adoto neste livro, tem sentido como expressão de um modo anômalo de resolver essa contradição, sem resolvê-la.

A própria dificuldade para fazer a contagem e ter estatísticas do número de trabalhadores submetidos a cativeiro no Brasil contribui para nosso menosprezo pela gravidade do problema e por sua compreensão científica. Basta verificar as discrepâncias de números que há entre os divulgados pela Comissão Pastoral da Terra e os divulgados pelo Grupo Móvel de Fiscalização do Ministério do Trabalho, o órgão encarregado de fiscalizar, identificar e libertar os trabalhadores.

Más condições de trabalho podem, para alguns, configurar escravidão, mas a OIT alerta que não é o caso. O crime é

225

outro. Temos no Brasil uma disseminada ocorrência de sobre-
-exploração do trabalho, aquela em que o salário do trabalhador
é insuficiente para assegurar sua reprodução e de sua família.
Há os que entendem que isso é escravidão, embora não o seja.
No entanto, há escravidão efetiva no país.

No nosso caso, a "escravidão contemporânea" ocorre sob
a forma de privação efetiva de liberdade, não raro sob vigilân-
cia de pistoleiros, para forçar o cidadão a trabalhar para quem
o emprega. Assume aqui a forma de escravidão por dívida. Fica o
trabalhador cativo enquanto deve ao patrão por adiantamentos,
alimentação, transporte, ferramentas. Geralmente é vigiado por
pistoleiros.

Nos anos 1970 a 1990, episódios de perversidade e crueldade contra trabalhadores foram registrados, geralmente pela
Polícia Federal, à qual cabe a repressão ao tráfico de pessoas.
Um deles se refere a uma fazenda do Pará em que um trabalhador que tentara fugir fora perseguido, preso pelos jagunços, morto e esquartejado e colocado no cocho como ração dos
porcos. Assim foi encontrado pela polícia, que chegou à fazenda alertada por outros trabalhadores que conseguiram fugir.[2]
Eu poderia fazer uma lista de perversidades semelhantes nas
últimas cinco décadas.

Seria descabido e absurdo se alguém dissesse que esse é um
problema generalizado nas fazendas brasileiras. Entre 1998 e
2004, a Comissão Pastoral da Terra mencionou entre 14 (em
1998) e 236 (em 2004) fazendas que praticaram escravidão

---

2 Ocorrência confirmada pela Polícia Federal na Fazenda Jandaia, em
Parauapebas, no Estado do Pará, em julho de 1990. Cf. *O Estado de
S. Paulo*, 26 jul. 1990, p.22.

Capitalismo e escravidão na sociedade pós-escravista

nesse período, número insignificante num país em que há cerca de 5 milhões de estabelecimentos rurais. Entre 1995 e 2001, o Grupo Móvel de Fiscalização constatou que apenas 2,1% dos trabalhadores alcançados por sua ação tiveram que ser libertados, isto é, estavam em situação de escravidão.

Os números absolutos, tendo em conta esse máximo de 25 mil trabalhadores cativos, mencionado pela OIT, não são, portanto, o centro do que deveria nos preocupar. E sim o fato de que, sendo escravidão temporária e ocorrendo em três quartos dos casos na Amazônia e no Centro-Oeste, o problema tem se regenerado contínua e crescentemente. Isso nos diz que um setor economicamente insignificante mas territorialmente extenso do país vive na ilegalidade. Especialistas têm observado que o crime da prática da escravidão no Brasil é no mais das vezes conexo a outros: grilagem de terras, danos e depredação ambientais, sonegação fiscal, crime previdenciário, enfim, um elenco geralmente amplo de ilegalidades. Um fenômeno próprio de um país de legalidade frágil.

Não obstante estarmos diante de um problema que parece residual, o relatório da OIT informa que no mundo os rendimentos decorrentes do tráfico de trabalhadores escravizados são de US$ 31,6 bilhões. Na América Latina e no Caribe alcançam US$ 1,3 bilhão. No Brasil, a escravidão está clara e predominantemente associada a uma forma peculiarmente brasileira de acumulação originária e repetitiva, inacabável, de capital, ao desmatamento e à formação de fazendas na frente pioneira, onde se dá a expansão territorial do sistema econômico, o que nos remete de volta ao Brasil colônia. É o trabalho cativo que quase gratuitamente subsidia boa parte dessa expansão.

José de Souza Martins

Para compreender essa economia política macabra, é necessário ter em conta que, em diferentes regiões do mundo e em diferentes países, há diferentes escravidões. Que se encontre a escravidão em diversas regiões do mundo, como persistência ou como inovação, é fato que pede uma revisão crítica de nossas concepções de senso comum a respeito do lugar do escravismo na sociedade contemporânea. Particularmente no caso do Brasil, conviria considerar a realidade dos fatos e enfrentar de vez a suposição equivocada de que a escravidão acabou um dia e mesmo a de que a escravidão atual é um resíduo da que já tivemos.

Antes de mais nada, é necessário reconhecer que tivemos três modalidades distintas de escravidão no Brasil, como já mencionei, e ainda temos uma delas, cada qual com suas regras e até sua legislação próprias: a indígena, a negra, a branca, que se tornou poderosa demograficamente com a imigração estrangeira para substituir escravos nas fazendas de café.

Os relatórios de investigação por autoridades consulares estrangeiras, dos países de origem do fluxo imigratório para o Brasil, na época da grande imigração, estão carregados de detalhes das constatações de formas servis de trabalho nas fazendas de café de São Paulo, nas décadas finais do século XIX e nas iniciais do século XX, que perduraram por cerca de meio século após a abolição da escravatura.

Os jornais brasileiros dessa época frequentemente publicaram notícias a respeito de ocorrências que confirmavam a persistência de componentes da escravidão, mas disfarçados nos detalhes do trabalho livre. Então, como agora, não era necessariamente apenas na insuficiência dos pagamentos aquém do necessário à sobrevivência do trabalhador e sua família, mas

Capitalismo e escravidão na sociedade pós-escravista

também na sociabilidade escravista da relação entre o fazendeiro e o colono.

Como também tivemos três abolições da escravatura, uma para cada modalidade. A primeira foi do marquês de Pombal, em 1755, com o *Diretório dos Índios do Estado do Grão-Pará e Maranhão*, que seria estendida ao Estado Brasil, o território brasileiro extra-amazônico, dois anos depois.[3] Aboliu a escravidão indígena. Em 1888, tivemos a *Lei Áurea*, assinada pela princesa Isabel, que aboliu a escravidão negra.

Em 27 de junho de 1995, o presidente Fernando Henrique Cardoso reconheceu a existência de escravidão no Brasil e criou o Grupo Executivo de Repressão ao Trabalho Forçado (Gertraf), que passou a atuar através do Grupo Móvel de Fiscalização do Ministério do Trabalho. O declínio das ocorrências foi significativo até 2002, quando a volta do crescimento do número de trabalhadores nessa situação levou à criação da comissão especial, coordenada por mim, que, no Ministério da Justiça, preparou um elenco completo de medidas de erradicação do trabalho infantil e escravo no Brasil. Foi encaminhado ao presidente da República, Fernando Henrique Cardoso, em outubro de 2002, para verificação e definição do formato legal das medidas sugeridas, que iam do perdimento da propriedade à severidade das sanções penais. Em março de 2003, o plano, já finalizado, chegou às mãos do presidente Luiz Inácio Lula da Silva no Palácio do Planalto. Com as medidas de Cardoso, o

---

3 Cf. *Directorio, que se deve observar nas povoações dos indios do Pará, e Maranhaõ, em quanto Sua Magestade naõ mandar o contrario*, Na Officina de Miguel Rodrigues, in: Beozzo, op. cit., p.129.

Brasil se antecipou à própria OIT no trato da questão. Essa é nossa terceira abolição, ainda em penoso curso.

A ideia de que no Brasil houve "uma" escravidão, e não várias e bem distintas, distorce a compreensão dos fatos. Em primeiro lugar porque escamoteia o fato de que a estrutura da economia brasileira continua dependente da recriação de variantes da escravidão para lograr a reprodução ampliada do capital. Em segundo lugar porque essa ideia, de algum modo, não favorece a interpretação de que a escravidão tem aqui uma identidade étnica que reduziria só ao negro a condição de vítima da injustiça que da escravidão decorre.

De certa maneira, se a opção por Zumbi, e não pela Princesa Isabel, representa uma tentativa de desmistificação da história oficial, um gesto significativo de busca do simbólico e da identidade, há um conjunto de outras dificuldades a considerar. Como a de que o gesto precursor das províncias do Amazonas e do Ceará, em 1884, na abolição da escravatura, esconde a verdadeira história da servidão nessas regiões. Essas mesmas províncias estavam na mesma época envolvidas na gestação da nova escravidão que se estenderia até os dias de hoje. Milhares de cearenses migravam, expulsos pela seca, para outras regiões do país e em grande quantidade para a Amazônia, para trabalhar na nascente economia da borracha. O Ceará libertava seus escravos para se livrar, assim, de seus excedentes demográficos. Na província do Amazonas, porém, eram eles escravizados na economia do aviamento, a da servidão por dívida, que se multiplicou e se estende até os dias atuais.

A escravidão negra estava se tornando obsoleta não só porque fosse substituição da escravidão cara pela servidão barata. O escravo negro representava imobilização de capital e risco.

Capitalismo e escravidão na sociedade pós-escravista

A nova servidão por dívida dispensava a imobilização de capital na pessoa do trabalhador, sem dispensar os mecanismos sociais de coerção física e moral, que o mantinham tão dependente e tão servil quanto o escravo, com resultados econômicos similares.

O Brasil evitou a generalização do trabalho assalariado no campo, que só se difundiria muito lentamente. Na verdade, apenas a partir dos anos 1960 o problema do assalariamento se pôs amplamente em relação à nossa agricultura. O imigrante estrangeiro que veio substituir o trabalhador escravo não veio como assalariado, mas como colono, só parcialmente remunerado em dinheiro. A revolta dos colonos da Fazenda de Ibicaba, em meados do século XIX, bem indica que também nos cafezais de São Paulo estava em andamento a substituição da escravidão cara pela servidão barata regida ainda, porém, pela mentalidade escravista.[4]

Como no passado, temos uma luta pela libertação de pessoas, mas não temos uma luta pela emancipação das pessoas. Mantêm-se, portanto, as condições da reescravização, fenômeno que persiste. A luta se baseia, em boa parte, não numa demanda do cativo, mas numa tutela dos setores médios e esclarecidos que se inquietam com a servidão dos outros e querem libertá-los. Assumem uma demanda social: o cativeiro se tornou intolerável para a consciência do homem médio, mas incompreensível para muitas das vítimas. Trabalhadores escravizados têm recusado a liberdade que lhes oferece o Grupo Móvel de Fiscalização quando este os encontra.

---

4 Cf. Holanda, Prefácio do tradutor, in: Davatz, *Memórias de um colono no Brasil (1850)*, especialmente p.17.

José de Souza Martins

O 13 de maio é, sim, uma data importante para o Brasil. Não é uma efeméride do negro, apenas. É a data em que o país formalizou seu repúdio à escravidão e afirmou uma consciência nacional comprometida com a concepção da liberdade da pessoa. A Lei Áurea, mais que qualquer outro alcance que pudesse ter, é a proclamação de uma utopia, a proclamação da repugnância que o cativeiro nos causa e o compromisso de liberdade que nos obriga a todos. Mesmo que a motivação de sua origem não tenha sido essa, e sim a superação das irracionalidades econômicas da escravidão negra. Isso não afasta as contradições que a escravidão inscreveu profundamente na nossa consciência social, na nossa cultura e nas nossas relações sociais. Nem suprime iniquidades. Este país ainda carece de uma consciência da História que não seja caricata e simplificadora concepção do que fomos e ainda somos.

A escravidão negra foi também um sistema de dominação e se apoiou num tipo de personalidade gestado nessa dominação, a da sujeição, da obediência, da subserviência, do medo estrutural. A interrupção legal e jurídica da escravidão, com a Lei Áurea, não interrompeu a cultura da servidão nem modificou subitamente as relações sociais de sujeição. Na verdade, a cultura escravista tem permanecido forte na sociedade brasileira, sob vários disfarces, o que faz de muitos brancos e mestiços culturalmente negros vítimas culturais impotentes da escravidão que sociologicamente não cessou. A Lei Áurea não branqueou os negros e ao mesmo tempo enegreceu todos aqueles condenados, brancos, índios ou negros, às funções ínfimas da economia. De certo modo, hoje negros são todos os que estão privados de direitos e de respeito como pessoas.

Capítulo VIII
"Escravidão contemporânea":
o que sobra e o que falta

A leitura crítica do volumoso livro de Ricardo Rezende Figueira, Adonia Antunes Prado e Rafael Franca Palmeira, *A escravidão na Amazônia,* é útil para analisar revelações de um modo redutivo de interpretar dados sobre o tema e suas implicações. O da abundância relativa de casos e números em contraste com a minimização teórica da explicação.

Os autores reuniram "839 depoimentos prestados por 1.262 pessoas", que abarcam um período de 38 anos, entre 1972 e 1980. Até onde sei, é a primeira vez que se junta tão extenso número de depoimentos sobre escravidão recente no Brasil, com base num formulário predefinido. Tendo em conta o período considerado, provavelmente milhares de ocorrências não estão incluídas nesse rol. O que se compreende porque "o estudo atingiu especialmente fazendas e, ocasionalmente, carvoarias, instaladas em dezenas de municípios no Sul e Sudeste do Pará, em uma área que transita entre o Araguaia e o Xingu, de Santana do Araguaia a Marabá, São Félix do Xingu e Altamira". Os autores esclarecem que o "período com maior número sistematizado de denúncias de escravidão – entre 2003 e 2010 – revelou o problema em 48 municípios".[1]

Dados relativos a uma área específica do Brasil e apesar de analisados em perspectiva quantitativa, não sendo os de uma amostra casual e probabilística, não se pode, infelizmente, tomá-los como representativos de ocorrências no conjunto do país.

A pesquisa, no entanto, colheu sumários dados qualitativos de grande interesse. As limitações qualitativas dos dados colhidos, apesar da extensa quantidade de depoimentos, robustecem e confirmam as tendências já conhecidas da escravidão, desde os anos 1960, sem alargar, porém, indícios de diversidade das ocorrências. O que confirma a tendência de que a sujeição se resume a um elenco mínimo e repetido de procedimentos de coerção dos trabalhadores. Indício de uma propensão ao conformismo, o que talvez se explique por se tratar de escravidão temporária e sazonal, apesar da propensão ao alargamento da duração da ausência enquanto, também, aventura. Ou prolongamento do retorno por vergonha de enfrentar família e comunidade por falta de evidências materiais do êxito do trabalho no trecho.

Conformismo que pode ser analisado em outra perspectiva. A de que a própria vítima e sua família incluem a injustiça temporária da servidão provável num cálculo de "custo e benefício" que se baseia em valores e concepções da cultura camponesa e da economia familiar. O que ao observador externo parece ilegalidade e violação de direitos sociais, e é, ao trabalhador é antes,

---

1 Cf. Figueira; Prado; Palmeira, *A escravidão na Amazônia: quatro décadas de depoimentos de fugitivos e libertos*, p.17.

Capitalismo e escravidão na sociedade pós-escravista

como assinalei na introdução, preço a pagar para resistir na defesa e continuidade da economia familiar e camponesa. É uma forma disfarçada de resistência contra o cerco do capitalismo ao campesinato.

É uma pena que os autores tenham se conformado em utilizar um método pobre para fazer seus registros, perdendo, assim, a oportunidade de conhecer de modo propriamente sociológico e, portanto, melhor e mais profundamente, o que é de fato a questão social da escravidão de agora. Não houve nenhuma preocupação em fazer a crítica do material e do procedimento adotado para definir o que se perdeu por força das limitações dos dados.

Os autores escolheram a técnica do formulário para registrar e sistematizar os dados colhidos, que é uma técnica quantitativa. Mas seus dados são incompletamente qualitativos, o que pede o concurso de outra modalidade de apuração dos resultados.

Um exemplo do que poderia ter sido feito teria sido a adoção de uma técnica que desenvolvi na pesquisa que fiz sobre linchamentos no Brasil, com mais de 2 mil ocorrências. Desenvolvi um índice de crueldade e outro de durabilidade do ódio, que não é o caso aqui, transformando dados qualitativos em dados quantitativos, que me permitiram estabelecer um eixo de referência segura para a interpretação da conexão dos diferentes tipos de informação entre si.[2] Isso teria sido possível no caso dessa pesquisa de Ricardo Rezende Figueira et al., estabelecendo cortes de época para fazer comparações explicativas. Provavelmente, os resultados indicariam, no aumento das ocor-

---

2 Cf. Martins, *Linchamentos: a justiça popular no Brasil*, p.32-3.

rências, um declínio nos índices de violência e uma tendência de mudança no modo de coagir os trabalhadores em direção à terceirização e a maior cuidado na observância autodefensiva das regras do direito quanto às relações de trabalho. O que tornaria possível compreender a peonagem justamente, como a interpreto neste livro, como indício de sua função na geração do lucro extraordinário, um provável aspecto estrutural do capitalismo no Brasil.

Mas, ao mesmo tempo, o fato de que a maior concentração de dados da pesquisa corresponda ao período do governo do PT e de Lula, 2003-2010, deixa de lado a informação mais importante sobre o impacto das medidas do governo de Fernando Henrique Cardoso, 1995-2002, que criou e institucionalizou uma eficiente política de repressão ao trabalho forçado e de fiscalização e punição dos contraventores.

O fato, também, de que a Pastoral da Terra de Conceição do Araguaia, no período indicado, tenha sido hostil ao governo de FHC pode ter prejudicado a ampliação do alcance da pesquisa. A comparação teria sido útil não para explicar governos, mas para explicar ou não a eficácia de determinado tipo de medida de Estado.

O extenso número de casos não é estatisticamente representativo do universo provável dos trabalhadores em situação de escravidão em cada momento de uma cronologia possível. Há lacunas nos dados, que contrastam com sua apresentação estatística, como a falta de informações para quatro anos num período de dez anos em relação ao estado do Pará.[3] É claro que

---

3 Cf. Figueira et al., op. cit., p.331.

Capitalismo e escravidão na sociedade pós-escravista

a falta desses dados deveria ser explicada, para que o estudioso e leitor pudesse compreender e situar as limitações da pesquisa e valorizar e interpretar o que sobrou e foi possível apurar.

Por outro lado, apesar de quadros e proporções estatísticas, não se trata de números de uma amostra casual e probabilística. Mas de uma amostra acidental que, no entanto, tem o valor ainda que limitado de amostra que sugere possíveis e hipotéticas tendências da situação de trabalhadores em situação de escravidão num momento da história social em que, supostamente, já não é cabível.

O maior problema desse robusto volume de narrativas e testemunhos é que não foram colhidos dados decisivos para situar os sujeitos das informações no processo social e histórico que os levou à situação de trabalhadores escravizados. O antes de que o atual é componente. Procedimento que é parte da tradição das ciências sociais no Brasil e foi aqui deixado de lado.

Um extenso formulário foi preparado para registrar o perfil de cada caso, mas limitado a traços identificadores e a indícios do ilícito que pudessem identificar o caso como crime e os envolvidos na violência como violadores da lei.[4] Não como reacionários bloqueadores do desenvolvimento social. Mas não foram colhidas informações que situassem o mundo de referência das vítimas, de que realidade social procediam e que os motivara à aceitação de trânsito para uma nova situação de trabalho que representasse o que sociologicamente explica a escravidão de cada um. Enfim, o que legitima a violência do trabalho escravo,

---

4 Cf. ibidem, p.295-8.

revelando-o pelo avesso. Embora indícios esparsos a respeito sejam encontrados em várias obras que tratam do assunto.

A história social é uma história de transformações sociais, de relações que se desagregam e de relações que nascem. Estamos falando da história do capitalismo entre nós. Portanto, do nascimento de relações capitalistas de produção na lenta transformação de relações pré-capitalistas nas novas e anômalas relações que definem a formação social. Mas estamos falando, também, de empenhos conscientes da população envolvida no sentido de preservar e reproduzir seu pequeno mundo, mesmo que às custas de temporária sujeição à escravidão.

No entanto, em nosso caso, como mostro neste livro, nosso pré-capitalismo escravista, com a abolição da escravatura e o advento do trabalho livre, não se transformou numa sociedade propriamente capitalista. E sim numa sociedade capitalista marcada pela contradição de relações de trabalho em que é incomum que o processo de trabalho seja completamente capitalista. Não raro, caracterizado pela anomalia de momentos de formas não capitalistas de trabalho que não se separam do processo de valorização do capital.

Na ciência, não se faz pesquisa sem a revisão crítica da bibliografia pertinente, relativa ao tema, e relativa à sua problematização propriamente científica, isto é, às perguntas teóricas do pesquisador à pesquisa empírica, as que a ciência pode responder, confirmando ou negando os pressupostos da teoria. É nesse sentido que a ciência se desenvolve, que o conhecimento se aperfeiçoa e que novas descobertas são feitas. Descobrir os fundamentos científicos do trabalho escravo atual é ampliar o conhecimento que se tem do que é o capitalismo como modo

Capitalismo e escravidão na sociedade pós-escravista

de produção e reprodução da realidade social. É ir muito além do simplismo de denunciar, acusar e lamentar. É ir às condições de superação de uma questão social gravíssima. Gravíssima também pelos enganos de sua interpretação e de seu questionamento que acabam fazendo da interpretação superficial e satanizadora da ciência, da pesquisa e do cientista uma interpretação cúmplice do que é denunciado.

É um desperdício tratar o tema da escravidão atual ou o da escravidão histórica reduzindo-os à descrição de uma situação dramática, para sensibilizar categorias sociais como a classe média, em nome de valores que não são relativos a situações que, porque dramáticas, são indícios de carência de transformação social e desafios de fazer da militância apenas sintoma de uma carência de práxis. Sintoma, enfim, de uma militância pobre e, no caso das igrejas, de uma pastoral tímida, divorciada das possibilidades de compreensão do problema que podem ser abertas pela sociologia e pela antropologia. Quando muito, os interessados tentam uma etnografia conceitualista divorciada do método que pode lhe dar sentido.

Desde o século XIX se sabe sociologicamente muito sobre a escravidão do tipo que vem sendo chamada de "contemporânea". Desde as análises de Marx nos vários escritos preparatórios de *O capital*, até os escritos de Alexandr Vasilevich Chayanov, tratados com desprezo porque representam uma crítica na própria ação ao linearismo evolucionista do marxismo vulgar e oficial, o marxismo do poder e não o marxismo da práxis.

Como citei antes, a militante populista russa Vera Zasúlich escreveu uma carta a Marx, em 1881, em nome dos marxistas

José de Souza Martins

russos, consultando-o sobre sua tese de que o socialismo nasceria das contradições do capitalismo com a industrialização.[5] Mencionava ela que na Rússia agrária não era a classe operária que movia o processo histórico, mas a comuna russa e a propriedade comunal da terra, isto é, o campesinato.

Sobretudo em sua extensa troca de cartas com diferentes interlocutores de diferentes lugares, em esboços de análises e mesmos nos textos de suas obras decisivas, como o *Grundrisse* e *O capital*, Marx estava intensamente preocupado com a função das particularidades e das mediações distribuídas por diferentes países e diferentes lugares de um mesmo país na definição dos rumos prováveis do processo histórico. A situação da Inglaterra se definia na mediação da Irlanda, da Índia, da Rússia, dos Estados Unidos.

Essa é a questão metodológica que mesmo hoje, em relação a realidades como a do Brasil, pode explicar qual é o lugar delas na barbárie moderna da escravidão e por meio dela qual o destino histórico do país.

Duas semanas depois de receber a carta de Zasúlich e após 29 páginas de rascunhos de uma carta para enviar-lhe uma resposta, Marx menciona os "marxistas" entre aspas e conclui: "... espero que algumas linhas bastem para não lhe deixar nenhuma dúvida [...] sobre o mau entendimento a respeito de minha suposta teoria. [...] A análise feita em *O capital* não oferece, pois, (nada) nenhuma razão que se possa esgrimir em favor nem contra a vitalidade da comuna russa".[6] Para ele, a questão

---

5 Cf. Marx; Engels, *Escritos sobre Rusia – II. El Porvenir de la Comuna Rusa*, p.47.
6 Cf. ibidem, p.58.

Capitalismo e escravidão na sociedade pós-escravista

não era o que poderia ou não acontecer na Rússia, mas o que dessa mediação ocorreria na Inglaterra, o lugar do capitalismo decisivo, o centro da teia de relacionamentos econômicos.

A dúvida de Zasúlich e a dificuldade que Marx teve para redigir uma resposta poderia ter dado origem a um texto equivalente ao do *Capítulo Inédito* quanto a um outro momento do processo de formação histórica do capitalismo. Mesmo assim, o rascunho constitui um nexo com o extenso conjunto de textos de Marx sobre as formas e as relações não capitalistas de produção no processo de reprodução ampliada do capital. Portanto, sobre as determinações capitalistas das relações não capitalistas de produção.

Como sintetiza Kurt Mandelbaum, "O mesmo papel que desempenha a Inglaterra em *O Capital* quando se trata do trabalho assalariado industrial, devia desempenhá-lo a Rússia na secção destinada à renda da terra. A enfermidade e a morte prematura impediram a concretização deste plano. Marx não chegou a incorporar os resultados de seus extensos estudos do terceiro tomo...".[7]

A história do pensamento do populismo russo que expressa a consciência social e política narodnik, combatida pelos bolcheviques, foi resgatada e analisada pelo historiador italiano Franco Venturi, em seu livro *Il Populismo Russo*.[8] Resultado de pesquisas que fez na União Soviética quando os comunistas lhe abriram o acesso à Biblioteca Lênin, onde estava guardada toda a documentação relativa ao movimento Narodnik, que

---

7 Cf. Marx; Danielson; Engels, *Correspondência 1868-1895*, p.347.

8 Cf. Venturi, *Il Populismo Russo*. Conheci Venturi em 1980, em Torino, quando participamos de um seminário na Fundação Luigi Einaudi.

expressava a visão de mundo e a visão política dos camponeses. Os fundamentos de uma experiência histórica deliberadamente ocultada porque contrariava a visão política e os interesses do Partido Comunista.

Aquele foi um momento na história econômica e social caracterizado pela intensificação do desenvolvimento desigual e não evolutiva do capitalismo. Ao referir-se aos desdobramentos da Guerra Civil americana, escreve Marx a Danielson: "... se bem rompeu os grilhões dos negros, em troca, a guerra contra a escravidão escravizou os produtores brancos".[9] Ou seja, ampliou o elenco das populações sujeitas a formas não capitalistas de produção.

Os efeitos do desenvolvimento das forças produtivas obrigaram alguns países, "nos quais o capitalismo abarcava só uma reduzida camada superior da sociedade, a que criassem e ampliassem repentinamente sua superestrutura capitalista em uma medida inteiramente desproporcional ao conjunto do organismo social, que levava a cabo a maior parte do trabalho produtivo segundo os métodos tradicionais".[10]

Em relação ao Brasil ainda se sabe muito menos do que já se poderia saber, porque os interessados no assunto têm limitado sua curiosidade às simplificações da motivação ideológica ou literária, com reduzido interesse pela motivação científica.

Um grande problema é o de saber o quanto a escravidão atual pode ser efetivamente definida como escravidão para que seja situada no corpo teórico que a explica.

---

9 Cf. Marx; Danielson; Engels, op. cit., p.94.

10 Ibidem, p.126.

Capitalismo e escravidão na sociedade pós-escravista

O livro de Ricardo Rezende Figueira et al. contém uma informação que, à luz da análise apropriada, pode ser decisiva para definir essa realidade como de escravidão. Refiro-me aos depoimentos que revelam que, na persistência e revigoração de formas arcaicas de exploração do trabalho determinadas pela reprodução ampliada do capital, as vítimas se reconhecem objetivamente como escravas.[11]

Coisa que Euclides da Cunha já havia observado no começo do século XX no Alto Purus. O que confirma que o mesmo tipo de população escravizada no regime de aviamento ou regime de barracão, originária da escravidão indígena formalmente terminada em 1755, em situações históricas específicas, intuiu que estava sob risco de ser reescravizada. Como nas motivações da Revolução Praieira em Pernambuco, em meados do século XIX, quando cessou o tráfico negreiro. Os antigos escravos mamelucos, de origem indígena, intuíram que seriam os substitutos dos escravos que faltariam.[12]

O regime de tensão nos canaviais do Nordeste canavieiro se estenderia por um longo período de quase um século e culminaria com o surgimento das Ligas Camponesas e sua reivindicação de reforma agrária radical que libertasse os trabalhadores rurais do regime do cambão, o da renda em trabalho no canavial em pagamento do direito ao sítio pelo morador, para produção direta dos seus meios de vida, de sua sobrevivência e de sua família.[13]

---

11 Cf. Figueira; Prado; Palmeira, op. cit., p.315.

12 Cf. Quintas, *O sentido social da revolução praieira.*

13 Cf. Julião, *Que são as Ligas Camponesas?*; e *Cambão: The Yoke, The Hidden Face of Brazil.*

É significativo que o regime militar, de 1964, originário do temor de uma revolta camponesa, especialmente no Nordeste, propusesse uma reforma constitucional e um Estatuto da Terra que regulamentasse e viabilizasse o reconhecimento da função social da propriedade. O que se completaria com o reconhecimento do direito de enfiteuse, ao morador da fazenda no direito ao sítio sem o tributo da renda em trabalho.

Um indício claro de que boa parte do problema da escravidão contemporânea tem seus fundamentos no desencontro entre direitos sociais e reconhecimentos desses direitos. As formas repressivas de sujeição do trabalho nas situações definidas como de escravidão não se restringem à relação laboral. Mas se desdobram numa cultura do engano no interior de um patriarcalismo residual da casa-grande. Os direitos do trabalhador cativo ficam abrigados nos direitos próprios do patrão. A terra é dos dois.

O mais grave ato de usurpação de direitos de trabalhadores no Brasil ocorreu em decorrência da Lei de Terras de 1850, pela mesma época da Revolução Praieira, em Pernambuco. A lei estabelecia que os possuidores, porque usuários de terra, deveriam procurar o vigário da paróquia e, no Livro do Registro Paroquial das Terras Possuídas, registrar uma declaração de que eram possuidores de tais áreas de terras, com as confrontações tais. O que incluía os posseiros, praticamente todos os índios emancipados pelo Diretório dos Índios do Grão-Pará e Maranhão, em 1755, muitos dos quais permaneceram, em situação laboral indefinida, como agregados das fazendas em que moravam. Como se fossem moradores de favor e sob proteção do fazendeiro, o que à luz da Lei não eram.

Capitalismo e escravidão na sociedade pós-escravista

Dentre as várias situações que a Lei de Terras reconhecia como fonte de direito à legitimação da posse como propriedade, estava a dos posseiros com cultura ou princípio de cultura e morada habitual. No entanto, no ato do registro, foram muitos os fazendeiros que compareceram perante o vigário, acompanhados de seus agregados, para que testemunhassem que trabalhavam para ele. Os trabalhadores renunciavam, assim, ao direito que a lei inaugural da propriedade reconhecia em relação aos antigos índios administrados da escravidão indígena, às populações caipiras e sertanejas, aos mamelucos. Continuaram como moradores de favor das fazendas, sujeitos a expulsão.

Em 1962, em face de uma indecisão política quanto a reformas sociais no campo, ou a reforma agrária ou a extensão da legislação trabalhista aos trabalhadores rurais, com exceções, os comunistas apoiaram a segunda alternativa. No fundo, persistência de um dilema que vinha desde Marx, desde *O 18 brumário de Luís Bonaparte* no que era o seu ceticismo quanto à competência dos camponeses para agirem como classe social, que já mencionei. Mas, também, porque era aquele um momento de ampla reformulação tecnológica da agricultura e do início da dispensa dos trabalhadores moradores. Eles tinham permissão de fazer o roçado próprio ou do cultivo intercalar de alimentos mediante o pagamento da renda em trabalho no canavial da respectiva fazenda.

O Estatuto do Trabalhador Rural, de 1962, do governo Goulart, viabilizou a demissão dos trabalhadores, não raro através de litígios que resultavam em acordos depreciativos dos montantes de indenização a que tinham direito[14] — em parte porque os trabalhadores rurais fossem politicamente frágeis e fragilizados pelas mediações políticas, cujos compromissos eram regulados pela conflitividade da geopolítica da guerra fria. E os proprietários de terra tinham, como ainda têm, um poder político que torna inviável qualquer política de Estado que contrarie seus interesses econômicos, ainda que, em muitos casos, historicamente discutíveis.

O conflito social no campo desenhava-se mais como conflito trabalhista do que como conflito camponês.

Em posição oposta, as Ligas Camponesas, no Nordeste canavieiro, orientadas pela posição jurídica do advogado Francisco Julião, socialista, reivindicavam a reforma agrária. O regime militar, anos depois, e já no fim, Julião já falecido, como citei antes, reconhecerá, nos chamados moradores, isto é agregados, das fazendas de cana, o direito de enfiteuse. A cobrança do cambão, a obrigação do pagamento de renda em trabalho no canavial pela permissão de terem seu próprio roçado, o cultivo dos meios de vida, em terras das fazendas, perdia a validade por esse reconhecimento.

Provavelmente, se o Estado brasileiro não tivesse sido subjugado pelos pressupostos geopolíticos da guerra fria e, em consequência, não tivesse sido aparelhado pelas motivações das Forças Armadas no distorcido conflito ideológico com as

---

14 Cf. Gnaccarini, *Latifúndio e proletariado: formação da empresa e relações de trabalho no Brasil rural*, p.57. Moura, *Os deserdados da terra: a lógica costumeira e judicial dos processos de expulsão e invasão da terra camponesa no sertão de Minas Gerais.*

Capitalismo e escravidão na sociedade pós-escravista

esquerdas, a questão da enfiteuse teria sido resolvida mais de um século antes. O que teria sido possível mediante a revisão jurídica do cumprimento da Lei de Terras, de 1850, quando os fazendeiros registraram como propriedade sua o que legalmente teria que ser reconhecido como de seus agregados, com base na premissa, originária da Lei de Sesmarias, de que o trabalho, pela posse útil da terra, era a fonte de legitimação do direito de propriedade que nascia naquele setembro de 1850.

Esse cenário é o de uma grande e descabida injustiça social contra os pobres da terra pela aplicação iníqua da lei e do direito, como se todos os habitantes do país tivessem o mesmo discernimento sobre valores e regras legais, o discernimento do estamento dominante que secularmente tem sido negado às nossas populações originárias.

Permeando as profundas desigualdades de origem das nossas diferentes categorias sociais, originadas das escravidões que tivemos e temos tido, baseadas em violência física, política e cultural, as vítimas estão sujeitas ainda à violência legislativa e jurídica, que lhes amputa direitos nominais. Os de uma legislação feita já com as ressalvas para a violação dos direitos dos frágeis, porque ali sugeridos mediante desconhecimento proposital das diferenças antropológicas que a dominação escravista instituiu desde o descobrimento, ampliou, preservou e reproduziu e ainda reproduz ao longo do tempo e da história de nossas iniquidades, até os dias atuais. Estamos vendo isso agora, em 2023, no debate legislativo sobre a ficção do marco temporal em relação às terras indígenas, usurpação e confisco de territórios indígenas em favor do latifúndio rentista e anticapitalista de brancos e abonados. Uma questão antropo-

José de Souza Martins

lógica, num país em que até hoje é raro que as ciências sociais sejam chamadas a iluminar injustiças jurídicas, legislativas e até religiosas. No Brasil, a ignorância é um instrumento de poder.

A reforma agrária, já do final do governo Goulart, ficou, equivocada e politicamente, inviável. Mesmo assim, acabaria sendo um dos fatores decisivos para a derrubada do governo e para o golpe militar de 1964. A alternativa da reforma agrária modernizante, e de certo modo excludente, foi institucionalizada já no início do novo governo, viabilizada pela reforma constitucional e pelo Estatuto da Terra, que incluía áreas de tensão na possibilidade de desapropriação com base na premissa da função social da terra.

Foi e continua sendo um problema difícil a concretização da reforma como um modo de redefinir a função da terra numa economia que deveria ser economia social de um projeto de desenvolvimento econômico. O MST elaborou na prática uma concepção de reforma que corresponde à realidade do grupo social de referência de uma reforma agrária necessária e possível, o dos retardatários da história, injustiçados pela discriminação e pela exclusão.

Se a reforma agrária tivesse sido proposta e realizada como reforma social, na escala necessária, teria criado um mecanismo de proteção dos trabalhadores rurais contra a violência do trabalho forçado. Eles teriam tido uma alternativa modernizadora para sua pobreza arcaica e a agricultura familiar teria assegurado o abastecimento alimentar do país em escala respeitável. Por outro lado, na abertura de novas fazendas na região amazônica, os empresários teriam que recorrer a tecnologias mo-

Capitalismo e escravidão na sociedade pós-escravista

dernas, que já existiam. Em vez de recorrer ao primitivismo de uma força de trabalho pela violência barateada.

A brutalidade da persistência e reprodução da escravidão no Brasil, não obstante, não nos desafia nem nos envergonha na justa medida a conhecê-la como é necessário, para superá--la e, desse modo, libertar os cativos e em sua liberdade nos libertarmos todos.

Referências bibliográficas

ARAMBURU, Mikel. Aviamento, modernidade e pós-modernidade no interior amazônico. *Revista Brasileira de Ciências Sociais*, São Paulo, v.9, n.25, p.1-15, maio 1994. Disponível em: http://www.anpocs.com/images/stories/RBCS/25/rbcs25_09.pdf. Acesso em: 25 abr. 2018.

BALDUS, Herbert. O professor Tiago Marques e o caçador Aipobureu. In: *Ensaios de etnologia brasileira*. 2.ed. São Paulo: Companhia Editora Nacional/INL, 1979. p.92-107.

BARBOSA, Francisco de Assis. Apresentação. In: LACOMBE, Américo Jacobina; SILVA, Eduardo; BARBOSA, Francisco de Assis (orgs.). *Rui Barbosa e a queima dos arquivos*. Rio de Janeiro: Fundação Casa de Rui Barbosa, 1988. p.11-26.

BARROZO, João Carlos. *Exploração e escravidão nas agropecuárias da Amazônia mato-grossense*. Campinas, 1992. Dissertação (Mestrado em Sociologia) — Instituto de Filosofia e Ciências Humanas, Unicamp.

BASTIDE, Roger. Sociologia do sonho. In: CAILLOIS, Roger; GRUNEBAUN, G. E. von (orgs.). *O sonho e as sociedades humanas*. Rio de Janeiro: Francisco Alves, 1978.

BAUER, Arnold J. Rural workers in Spanish America: Problems of peonage and oppression. *The Hispanic American Historic Review*, v.59, n.1, Durham: Duke University Press, fev. 1979.

BEOZZO, José Oscar. *Leis e regimento das missões*: política indigenista do Brasil. São Paulo: Edições Loyola, 1983.

BERGER, Peter L.; LUCKMANN, Thomas. *The Social Construction of Reality*: A Treatise in the Sociology of Knowledge. Nova York: Anchor Books, 1967. [Ed. bras.: *Construção social da realidade*: Tratado de sociologia do conhecimento. Trad. Floriano de Souza Fernandes. Petrópolis: Vozes, 2014.]

BOECHAT, Yan. Luta com temperança. *Valor Econômico*, São Paulo, 7 jun. 2019. Caderno Eu& Fim de Semana, p.4-9.

BRANDÃO, Carlos Rodrigues. *Plantar, colher, comer*: um estudo sobre o campesinato goiano. Rio de Janeiro: Edições Graal Ltda., 1981.

BRANDÃO, Carlos Rodrigues. *Diário de campo*: a Antropologia como alegoria. São Paulo: Brasiliense, 1982.

BRANDÃO, Carlos Rodrigues. *Os caipiras de São Paulo*. São Paulo: Brasiliense, 1983.

BRANDÃO, Carlos Rodrigues. *Memória do sagrado*: estudos de religião e ritual. São Paulo: Ed. Paulinas, 1985.

BRANDÃO, Carlos Rodrigues. *Crença e identidade*: campo religioso e mudança cultural. Campinas: Instituto de Filosofia e Ciências Humanas, Unicamp, 1987.

BRANDÃO, Carlos Rodrigues. *A cultura na rua*. Campinas: Papirus, 1989.

BRANDÃO, Carlos Rodrigues. *O trabalho de saber*: cultura camponesa e escola rural. São Paulo: FTD, 1990.

BRANDÃO, Carlos Rodrigues. *O saber, o cantar e o viver do povo*. São José dos Campos: Centro de Estudos da Cultura Popular, 2009.

BRANFORD, Sue; GLOCK, Oriel. *The Last Frontier*: Fighting Over Land in the Amazon. Londres: Zed Books, 1985.

BRASS, Tom. Review Essay: Slavery Now. Unfree Labour and Modern Capitalism. *Slavery and Abolition*, Londres, v.9, n.2, p.183-97, set. 1988.

BRASS, Tom; VAN DER LINDEN, Marcel; LUCASSEN, Jan. *Free and Unfree Labour*. Amsterdã: International Institute for Social History, 1993.

Capitalismo e escravidão na sociedade pós-escravista

CANCLINI, Néstor García. *Culturas híbridas*: estrategias para entrar y salir de la modernidad. Cidade do México: Editorial Grijalbo, 1990.

CANDIDO, Antonio. Os parceiros do Rio Bonito. Rio de Janeiro: Livraria José Olympio Editora, 1964.

CARDOSO, Ciro Flamarion. *Agricultura, escravidão e capitalismo*. Petrópolis: Vozes, 1979.

CARDOSO, Ciro Flamarion. *Escravo ou camponês?*: o protocampesinato negro nas Américas. São Paulo: Brasiliense, 1987.

CARDOSO, Fernando Henrique. *Capitalismo e escravidão no Brasil meridional*. 5.ed. rev. Rio de Janeiro: Civilização Brasileira, 2003.

CARVALHO, Luiz Maklouf. Guerra da terra: Nova versão lança dúvida sobre morte de bispo. *O Estado de S. Paulo*, 5 nov. 1994, p.27.

CASALDÁLIGA, Dom Pedro. *Uma igreja da Amazônia em conflito com o latifúndio e a marginalização social*. São Félix do Araguaia: [s.e.], 1971.

CASALDÁLIGA, Dom Pedro. Questão agrária, uma questão política. Depoimento perante a CPI da Terra na Câmara dos Deputados, Brasília, 14 jun. 1977.

CASTALDI, Carlo; RIBEIRO, Eunice T.; MARTUSCELLI, Carolina. A aparição do demônio no Catulé. In: DUARTE, Paulo (org.). *Estudos de sociologia e história*. São Paulo: Editora Anhembi Limitada, 1957.

CASTRO, Ferreira de. *A selva*. Ed. de luxo. Lisboa: Empresa Nacional de Publicidade, [s.d.] [1930].

CÉU E SILVA, João. Foram os árabes muçulmanos que começaram o tráfico de escravos em grande escala. Entrevista com Titiane N'Diaye. *Diário de Notícias*, Lisboa, 13 jun. 2020.

CHAYANOV, Alexander V. et al. *Chayanov y la teoria de la economía campesina*. Cidade do México: Ediciones de Pasado y Presente, 1981. [Ed. bras.: *Teoria das cooperativas camponesas*. Porto Alegre: Editora UFRGS, 2017.]

COELHO, Adolfo. *Obra etnográfica*, v.II (Cultura popular e educação). Lisboa: Publicações Dom Quixote, 1993.

COELHO, Adolfo. *Cultura popular e educação*. Organização e prefácio de João Leal. Lisboa: Publicações Dom Quixote, 1993.

CONFERÊNCIA NACIONAL DOS BISPOS DO BRASIL (CNBB). Igreja e problemas da terra, documento aprovado pela 18ª Assembleia da CNBB, Itaici, 14 fev. 1980.

COUTO E SILVA, Golbery do. *Conjuntura política nacional, o poder Executivo e geopolítica do Brasil*. Rio de Janeiro: José Olympio, 1981.

COUTO E SILVA, Golbery do. *Planejamento estratégico*. 2.ed. Brasília: Editora UnB, 1981.

CROCCO, Antonio. *Gioacchino Da Fiore e il Gioachimismo*. Napoli: Liguori Editore, 1976.

CUNHA, Euclides da. *À margem da história*. Brasília: Ministério da Cultura/Departamento Nacional do Livro, [s.d.].

CUNHA, Euclides da. *À margem da história*. 6.ed. Porto: Livraria Lello & Irmão, 1946.

DAVATZ, Thomas. *Memórias de um colono no Brasil (1850)*. Trad., pref. e notas Sérgio Buarque de Holanda. São Paulo: Livraria Martins, 1941.

DEUS, Frei Gaspar da Madre de. *Memórias para a capitania de São Vicente*. São Paulo/Belo Horizonte: Edusp/Itatiaia, 1975.

DIRECTORIO, QUE SE DEVE OBSERVAR NAS POVOAÇOENS DOS INDIOS DO PARÁ, E MARANHAÕ: EM QUANTO SUA MAGESTADE NAÕ MANDAR O CONTRARIO. Lisboa, Na Officina de Miguel Rodrigues. In: BEOZZO, José Oscar. *Leis e regimento das missões: política indigenista do Brasil*. São Paulo: Edições Loyola, 1983. p.128-67.

ENGELKE, Dom Inocêncio. Conosco, sem nós ou contra nós se fará a reforma rural. In: CONFERÊNCIA NACIONAL DOS BISPOS DO BRASIL. *Pastoral da terra*. São Paulo: Edições Paulinas, 1976. p.43-53.

ESTERCI, Neide. Peonagem na Amazônia. *Dados*, Rio de Janeiro, n.20, 1979.

ESTERCI, Neide. Campesinato e peonagem na Amazônia. *Anuário Antropológico*, Rio de Janeiro, v.78, 1980.

ESTERCI, Neide. *Conflito no Araguaia*: peões e posseiros contra a grande empresa. Petrópolis: Vozes, 1987.

Capitalismo e escravidão na sociedade pós-escravista

ESTERCI, Neide. *Escravos da desigualdade*: estudo sobre o uso repressivo da força de trabalho hoje. Rio de Janeiro: Centro Ecumênico de Documentação e Informação (Cedi)/Koinonia Presença Ecumênica e Serviço, 1994.

ESTERCI, Neide. Prefácio. In: FIGUEIRA, Ricardo Rezende. *Pisando fora da própria sombra*: a escravidão por dívida no Brasil contemporâneo. Rio de Janeiro: Civilização Brasileira, 2004. p.23-4.

FAUSTO, Boris. Expansão do café e política cafeeira. In: *O Brasil republicano*: história geral da civilização brasileira. t.III. São Paulo: Difel, 1975.

FERNANDES, Florestan. *Fundamentos empíricos da explicação sociológica*. São Paulo: Companhia Editora Nacional, 1959.

FERNANDES, Florestan. Tiago Marques Aipobureu: um bororo marginal. In: *Mudanças sociais no Brasil*. São Paulo: Difusão Europeia do Livro, 1960. p.311-43.

FERNANDES, Florestan. *A sociologia numa era de revolução social*. São Paulo: Companhia Editora Nacional, 1963.

FERNANDES, Florestan. *A integração do negro na sociedade de classes*. v.1. São Paulo: Dominus/Edusp, 1965.

FERREIRA, Carlos Alberto Dias. *Francisco Paulo de Almeida, Barão de Guaraciaba (o Barão Negro)*. Curitiba: Appris, 2020.

FIGUEIRA, Ricardo Rezende. *Pisando fora da própria sombra*: a escravidão por dívida no Brasil contemporâneo. Rio de Janeiro: Civilização Brasileira, 2004.

FIGUEIRA, Ricardo Rezende. As práticas solidárias de um bispo. *Em Debate: Revista do Departamento de Serviço Social*, PUC-Rio, v.4, p.5-6, 2006.

FIGUEIRA, Ricardo Rezende; PRADO, Adonia Antunes; PALMEIRA, Rafael Franca. *A escravidão na Amazônia*: quatro décadas de depoimentos de fugitivos e libertos. Rio de Janeiro: Mauad, 2021.

FONSECA, Caue; BRIGATTI, Fernanda. Trabalhadores de colheita de uva são resgatados em regime análogo à escravidão. *Folha de S.Paulo*, 24 fev. 2023, p.A20.

FREYER, Hans. *La sociología ciencia de la realidad*. Trad. Francisco Ayala. Buenos Aires: Editorial Losada, 1944.

FURTADO, Celso. *Formação econômica do Brasil*. 2.ed. Rio de Janeiro: Fundo de Cultura, 1959.

GIANOTTI, José Arthur. Notas para uma análise metodológica de "O capital". *Revista Brasiliense*, n.29, p.60-72, maio/jun. 1960.

GNACCARINI, José César. Organização do trabalho e da família em grupos marginais rurais do estado de São Paulo. *Revista de Administração de Empresas*, Fundação Getúlio Vargas, Rio de Janeiro, v.11, n.1, mar. 1971.

GNACCARINI, José César. *Latifúndio e proletariado*: formação da empresa e relações de trabalho no Brasil rural. São Paulo: Polis, 1980.

GOFFMAN, Erving. *La presentación de la persona en la vida cotidiana*. Trad. Hildegarde B. Torres Perrén e Flora Setaro. Buenos Aires: Amorrortu Editores, 1971.

GOLDMANN, Lucien. *Las ciencias humanas y la filosofía*. Trad. Josefina Martínez Alinari. Buenos Aires: Ediciones Galatea Nueva Visión, 1958.

GOLDMANN, Lucien. *Origem da dialética*. Trad. Haroldo Santiago. São Paulo: Paz & Terra, 1967.

GORENDER, Jacob. *O escravismo colonial*. 6.ed. São Paulo: Ática, 1992.

GORENDER, Jacob. *A escravidão reabilitada*. São Paulo: Expressão Popular; Fundação Perseu Abramo, 2016.

GRIGUOL, Ana Júlia; CLEMENTE, Gabriela. Trabalhadores encontrados em situação semelhante à escravidão no RS voltam para casa. *G1*, 25 fev. 2023. Disponível em: https://g1.globo.com/rs/rio-grande-do-sul/noticia/2023/02/25/trabalhadores-encontrados-em-situacao-semelhante-a-escravidao-no-rs-voltam-para-casa.ghtml. Acesso em: 18 abr. 2023.

HELLER, Agnes. *O quotidiano e a história*. São Paulo: Paz & Terra, 1972.

HELLER, Agnes. *La Théorie des besoins chez Marx*. Trad. Martine Morales. Paris: Union Générale d'Éditions, 1978.

HELLER, Agnes. *Para cambiar la vida*: Entrevista a Ferdinando Adornato. Trad. Carlos Elordi. Barcelona: Editorial Crítica, 1981.

Capitalismo e escravidão na sociedade pós-escravista

HESS, Rémi; HESS, Charlotte. Présentation. In: LEFEBVRE, Henri. *Vers un Romantisme révolutionnaire*. Fécamp: Nouvelles Éditions Lignes, 2011.

HOBSBAWM, Eric J. Introduccion. In: MARX, Karl. *Formaciones económicas precapitalistas*. Madri: Editorial Ciencia Nueva, 1967. [Ed. bras.: Introdução. In: *Formações econômicas pré-capitalistas*. São Paulo: Paz & Terra, 2009.]

HOLANDA, Sérgio Buarque de. Prefácio do tradutor. In: DAVATZ, Thomas. *Memórias de um colono no Brasil (1850)*. São Paulo: Livraria Martins, 1941. p.5-35.

IANNI, Octavio. *As metamorfoses do escravo*: apogeu e crise da escravatura no Brasil meridional. São Paulo: Difusão Europeia do Livro, 1962.

IANNI, Octavio. *A luta pela terra*. Petrópolis: Vozes, 1978.

INTERNATIONAL LABOUR ORGANIZATION (ILO). Global Estimates of Modern Slavery, set. 2022.

JAGUARIBE, Hélio. *Brasil*: Crise e alternativas. Rio de Janeiro: Zahar, 1974.

JULIÃO, Francisco. *Que são as Ligas Camponesas?* Rio de Janeiro: Civilização Brasileira, 1962.

JULIÃO, Francisco. *Cambão*: The Yoke, The Hidden Face of Brazil. Middlesex: Penguin Books, 1972. [Ed. bras.: *Cambão*: a face oculta do Brasil. Recife: Bagaço, 2009.]

LACOMBE, Américo Jacobina; SILVA, Eduardo; BARBOSA, Francisco de Assis (orgs.). *Rui Barbosa e a queima dos arquivos*. Rio de Janeiro: Fundação Casa de Rui Barbosa, 1988.

LATOUR, Patricia; COMBES, Francis. *Conversation avec Henri Lefebvre*. Paris: Messidor, 1991.

LEFEBVRE, Henri. Perspectives de sociologie rurale. In: *Cahiers internationaux de sociologie*. v.XIV. Paris: Seuil, 1953. p.122-40.

LEFEBVRE, Henri. La Notion de totalité dans les sciences sociales. In: *Cahiers internationaux de sociologie*. v.18-9. Paris: Presses Universitaires de France, 1955.

LEFEBVRE, Henri. La Notion de totalité dans les sciences sociales. In: *Cahiers internationaux de sociologie.* v.18-9. Paris: Presses Universitaires de France, 1955. p.55-77.

LEFEBVRE, Henri. *Critique de la vie quotidienne.* v.1. 2.ed. Paris: L'Arche Éditeur, 1958.

LEFEBVRE, Henri. *Problèmes actuels du marxisme.* 3.ed. Paris: Presses Universitaires de France, 1963.

LEFEBVRE, Henri. *Métaphilosophie.* Paris: Les Éditions de Minuit, 1965.

LEFEBVRE, Henri. *La Proclamation de la commune.* Paris: Gallimard, 1965.

LEFEBVRE, Henri. *Sociologie de Marx.* Paris: Presses Universitaires de France, 1966.

LEFEBVRE, Henri. *Sociologia de Marx.* Trad. Carlos Roberto Alves Dias. Rio de Janeiro: Forense, 1968.

LEFEBVRE, Henri. *Le Manifeste différentialiste.* Paris: Gallimard, 1970.

LEFEBVRE, Henri. *Au-delà du structuralisme.* Paris: Éditions Anthropos, 1971.

LEFEBVRE, Henri. *La revolución urbana.* Trad. Mario Nolla. Madri: Alianza Editorial, 1972. [Ed. bras.: *A revolução urbana.* Belo Horizonte: Editora UFMG, 2019.]

LEFEBVRE, Henri. *La vida cotidiana en el mundo moderno.* Trad. Alberto Escudero. Madri: Alianza Editorial, 1972.

LEFEBVRE, Henri. *La violencia y el fin de la historia.* Buenos Aires: Siglo Veinte, 1973.

LEFEBVRE, Henri. *La Survie du capitalisme*: la re-production des raportes de production. Paris: Éditions Anthropos, 1973.

LEFEBVRE, Henri. *Hegel, Marx, Nietzsche:* o el reino de las sombras. 2.ed. Trad. Mauro Armiño. Cidade do México: Siglo Veinteuno, 1976.

LEFEBVRE, Henri. *De l'État.* t.IV. Paris: Union Générale d'Éditions, 1978.

LEWIS, Oscar. La cultura de la pobreza. In: LEWIS, Oscar et al. *La cultura de la pobreza.* Barcelona: Editorial Anagrama, [s.d.]. p.7-30.

Capitalismo e escravidão na sociedade pós-escravista

LEWIS, Oscar. *Five Families*: Mexican Case Studies in the Culture of Poverty. Nova York: The New American Library, 1965.

LEWIS, Oscar. *The Children of Sánchez*: Autobiography of a Mexican Family. Harmondsworth: Penguin Books, 1972.

LUKÁCS, Georg. *Histoire et conscience de classe*. Trad. Kostas Axelos e Jacqueline Bouis. Paris: Les Éditions de Minuit, 1960. [Ed. bras.: *História e consciência de classe*: estudos sobre a dialética marxista. Trad. Rodnei Nascimento. São Paulo: WMF Martins Fontes, 2018.]

LUKÁCS, Georg. Carta sobre o stalinismo. *Civilização Brasileira*, Rio de Janeiro, caderno esp. n.1 (*A Revolução Russa: Cinquenta anos História*), trad. Leandro Konder, nov. 1967.

LUXEMBURGO, Rosa. *A acumulação do capital*. Trad. Moniz Bandeira. Rio de Janeiro: Zahar, 1970 [1913].

MALHEIROS, Antônio Marques Perdigão. *A escravidão no Brasil*: ensaio histórico-jurídico-social. São Paulo: Edições Cultura, 1944.

MANNHEIM, Karl. *Ideología y utopía*: introducción a la sociología del conocimiento. Trad. Salvador Echavarría. Cidade do México: Fondo de Cultura Económica, 1941. [Ed. bras.: *Ideologia e utopia*: introdução à sociologia do conhecimento. São Paulo: LTC, 1986.]

MARTINS, José de Souza. O cachimbo e a liberdade na São Caetano do século XVIII, [s.d.] (inédito).

MARTINS, José de Souza. Modernização agrária e industrialização no Brasil. *América Latina*, Centro Latinoamericano de Pesquisas em Ciências Sociais, Rio de Janeiro, n.2, p.3-16, abr./jun. 1969.

MARTINS, José de Souza. Modernização e problema agrário no estado de São Paulo. *Revista do Instituto de Estudos Brasileiros*, USP, São Paulo, n.6, p.121-45, 1969.

MARTINS, José de Souza. *Capitalismo e tradicionalismo*. São Paulo: Pioneira, 1975.

MARTINS, José de Souza. Quem ganha e quem perde com a invasão da Amazônia. *Folha de S.Paulo*, 24 dez. 1978. Caderno Ilustrada, p.23.

MARTINS, José de Souza. Migrações e tensões sociais na Amazônia. Exposição perante a CPI da Amazônia, da Câmara dos Deputados, Brasília, 8 abr. 1980.

MARTINS, José de Souza. Terra de negócio e terra de trabalho: Contribuição para o estudo da questão agrária no Brasil. *Cadernos do CEAS*, Centro de Estudos e Ação Social, Salvador, n.67, p.34-44, maio/jun. 1980.

MARTINS, José de Souza (org.). *A morte e os mortos na sociedade brasileira.* São Paulo: Editora Hucitec, 1983.

MARTINS, José de Souza. *Não há terra para plantar neste verão.* Petrópolis: Vozes, 1988.

MARTINS, José de Souza. *A chegada do estranho.* São Paulo: Hucitec, 1993.

MARTINS, José de Souza (org.). *Henri Lefebvre e o retorno à dialética.* São Paulo: Hucitec, 1996.

MARTINS, José de Souza. *Migrações internas.* Conferência no IV Congresso Internacional sobre Migrações e Refugiados, Vaticano, 5-10 out. 1998.

MARTINS, José de Souza. A escravidão nos dias de hoje e as ciladas da interpretação. In: (Vários autores). *Trabalho escravo no Brasil contemporâneo.* São Paulo: Edições Loyola, 1999. p.127-63.

MARTINS, José de Souza. *O poder do atraso:* ensaios de sociologia da história lenta. 2.ed. [1ª edição: 1994]. São Paulo: Hucitec, 1999.

MARTINS, José de Souza. *Reforma agrária:* o impossível diálogo. São Paulo: Edusp, 2000.

MARTINS, José de Souza. A terceira abolição da escravatura. *O Estado de S. Paulo*, 15 maio 2005. Caderno Aliás, p.J4-J5.

MARTINS, José de Souza. *A aparição do demônio na fábrica:* origens sociais do eu dividido no subúrbio operário. São Paulo: Editora 34, 2008.

MARTINS, José de Souza. A produção capitalista de relações não capitalistas de produção: O regime de colonato nas fazendas de café. Seminário sobre "Dinâmica da população e modos de produção", Universidade Nacional Autônoma de México, Cuernavaca, abr. 1978. In: *O cativeiro da terra.* 9.ed. rev. e ampl. São Paulo: Contexto, 2010.

Capitalismo e escravidão na sociedade pós-escravista

MARTINS, José de Souza. *O cativeiro da terra*. 9.ed. rev. e ampl. São Paulo: Contexto, 2010.

MARTINS, José de Souza. Conferência na Audiência Pública da Comissão Parlamentar de Inquérito, da Câmara dos Deputados, sobre o trabalho escravo, Brasília, 18 abr. 2012.

MARTINS, José de Souza. *A sociedade vista do abismo*: novos estudos sobre exclusão, pobreza e classes sociais. 4.ed. Petrópolis: Vozes, 2012.

MARTINS, José de Souza. *A sociologia como aventura*. São Paulo: Contexto, 2013.

MARTINS, José de Souza. *Fronteira*: a degradação do outro nos confins do humano. 2.ed. rev. e atual. São Paulo: Contexto, 2014.

MARTINS, José de Souza. *Uma sociologia da vida cotidiana*. São Paulo: Contexto, 2014.

MARTINS, José de Souza. *Exclusão social e a nova desigualdade*. São Paulo: Paulus, 2015 [1997].

MARTINS, José de Souza. *Linchamentos*: a justiça popular no Brasil. 2.ed. São Paulo: Contexto, 2015.

MARTINS, José de Souza. *Do PT das lutas sociais ao PT do poder*. São Paulo: Contexto, 2016.

MARTINS, José de Souza. A primeira esmola da história de S. Caetano, 1760. *Raízes*, Fundação Pró-Memória, São Caetano do Sul, n.57, p.99-102, jul. 2018.

MARTINS, José de Souza. A ilustração beneditina na São Paulo do século XVIII (As antecipações socialmente inovadoras nas fazendas de S. Caetano e de S. Bernardo ainda nos tempos da escravidão). *Ora Labora et Studia: Revista da Biblioteca do Mosteiro de São Bento*, São Paulo, v.1, n.1, p.11-41, 2018.

MARTINS, José de Souza. Os gêmeos da índia Domingas: S. Caetano, 1781. *Raízes*, Fundação Pró-Memória, São Caetano do Sul, n.58, p.90-6, dez. 2018.

MARTINS, José de Souza. A primeira esmola da história de São Caetano. *Raízes*, Fundação Pró-Memória, São Caetano do Sul, n.57, p.99-102, jul. 2019.

MARTINS, José de Souza. Os calções de couro de um índio de São Caetano, 1760. *Raízes*, Fundação Pró-Memória, São Caetano do Sul, n.59, p.68-70, jul. 2019.

MARTINS, José de Souza. Abolição, outra história. *Valor Econômico*, São Paulo, 5 jun. 2020. Caderno Eu& Fim de Semana, p.3.

MARTINS, José de Souza. A encíclica das incertezas sociais e políticas da hora presente. Entrevista a Patricia Fachin e João Vitor Santos, Instituto Humanitas Unisinos, São Leopoldo, 14 out. 2020. Disponível em: https://ihu.unisinos.br/publicacoes/159-noticias/entrevistas/603648-a-enciclica-das-incertezas-sociais-e-politicas-da-hora-presente-entrevista-especial-com-jose-de-souza-martins. Acesso em: 20 abr. 2023.

MARTINS, José de Souza. A epidemia de varíola em São Caetano, 1761-1762. *Raízes*, Fundação Pró-Memória, São Caetano do Sul, n.61, p.42-53, set. 2020.

MARTINS, José de Souza. *Sociologia do desconhecimento*: ensaios sobre a incerteza do instante. São Paulo: Editora Unesp, 2021.

MARTINS, José de Souza. A gente do Tijucuçu e os bastardos da Borda do Campo. *Raízes*, Fundação Pró-Memória, São Caetano do Sul, n.63, p.38-47, jun. 2021.

MARTINS, José de Souza. Escravidão na colheita de uva. *Valor Econômico*, São Paulo, 10 mar. 2023. Caderno Eu& Fim de Semana, p.4.

MARTINS, José de Souza. A comissão e a questão da terra. *Valor Econômico*, n.1.157, São Paulo, 5 maio 2023. Caderno Eu& Fim de Semana, p.5.

MARTINS, José de Souza. Fernando Henrique Cardoso e o lugar das ideias. In: HELAVEL, Karim; BELINELLI, Leonardo; LIMA, Pedro Luiz (orgs.). *Fernando Henrique Cardoso, cientista social, modos de ler*. São Paulo: Hucitec (no prelo).

MARX, Karl. O 18 brumário de Luís Bonaparte. In: MARX, Karl; ENGELS, Friedrich. *Obras escolhidas*. v.I. Rio de Janeiro: Vitória, [s.d.].

MARX, Karl. Trabalho assalariado e capital. In: MARX, Karl; ENGELS, Friedrich. *Obras escolhidas*. v.I. Rio de Janeiro: Vitória, [s.d.].

Capitalismo e escravidão na sociedade pós-escravista

MARX, Karl. Teses sobre Feuerbach. In: MARX, Karl; ENGELS, Friedrich. *Obras escolhidas*. v.3. Rio de Janeiro: Vitória, [s.d.].

MARX, Karl. *Contribution a la critique de l'economie politique*. Trad. Maurice Husson e Gilbert Badia. Paris: Éditions Sociales, 1957. [Ed. bras.: *Contribuição à crítica da economia política*. Trad. Maria Helena Barreiro Alves. São Paulo: WMF Martins Fontes, 2016.]

MARX, Karl. *El capital*, t.I: Crítica de la economía política. 2.ed. Trad. Wenceslao Roces. Cidade do México: Fondo de Cultura Económica, 1959. [Ed. bras.: *O capital*, livro I: Crítica da economia política. O processo de produção do capital. Trad. Rubens Enderle. São Paulo: Boitempo, 2011.]

MARX, Karl. *El capital*, t.II: Crítica de la economía política. 2.ed. Trad. Wenceslao Roces. Cidade do México: Fondo de Cultura Económica, 1959. [Ed. bras.: *O capital*, livro 2: Crítica da economia política. O processo de circulação do capital. Trad. Rubens Enderle. São Paulo: Boitempo, 2014.]

MARX, Karl. *El capital*, t.III: Crítica de la economía política. 2.ed. Trad. Wenceslao Roces. Cidade do México: Fondo de Cultura Económica, 1959. [Ed. bras.: *O capital*, livro III: Crítica da economia política. O processo global da produção capitalista. Trad. Rubens Enderle. São Paulo: Boitempo, 2017.]

MARX, Karl. *Manuscrits de 1844*. Paris: Éditions Sociales, 1962. [Ed. bras.: *Manuscritos econômico-filosóficos*. Trad. Jesus Ranieri. São Paulo: Boitempo, 2004.]

MARX, Karl. *El capital*, t.I: Crítica de la economía política. Trad. Wenceslao Roces. Cidade do México: Fondo de Cultura Económica, 1969. [Ed. bras.: *O capital*, livro I: Crítica da economia política. O processo de produção do capital. Trad. Rubens Enderle. São Paulo: Boitempo, 2011.]

MARX, Karl. *Elementos fundamentales para la critica de la economía política*: Borrador 1857-1858. v.I. Trad. Pedro Scaron. Buenos Aires: Siglo Veinteuno, 1971.

MARX, Karl. La cuestión judía. In: MARX, Karl; RUGE, Arnold. *Los anales franco-alemanes*. Trad. J. M. Bravo. Barcelona: Ediciones Martinez Roca, 1973. [Ed. bras.: *Sobre a questão judaica*. Trad. Nelio Schneider e Wanda Caldeira Brant. São Paulo: Boitempo, 2010.]

MARX, Karl. *Teorías sobre la plusvalia*. Trad. Floreal Mazía. Buenos Aires: Editorial Cartago, 1974. 3v.

MARX, Karl. *Texts on Method*. Trad. e ed. Terrell Carver. Oxford: Basil Blackwell, 1975.

MARX, Karl. Marx a Sigfrid Meyere August Vogt. In: MARX, Karl; ENGELS, Friedrich. *L'Irlanda e la Questione Irlandese*. Roma/Moscou: Riuniti/Progress, 1975.

MARX, Karl. A produção capitalista é produção e reprodução das relações de produção especificamente capitalistas. In: *O capital*, livro I. São Paulo: Livraria Editora Ciências Humanas, 1978. p.90-7, cap.VI.

MARX, Karl. Carta a Annenkov, Bruxelas, 28 de dezembro de 1846. In: MARX, Karl; ENGELS, Friedrich. *Materiales para la historia de la America Latina*. 5.ed. Ed. Pedro Scaron. Cidade do México: Ediciones Pasado y Presente, 1980.

MARX, Karl. El porvenir de la comuna rusa. In: MARX, Karl; ENGELS, Friedrich. *Escritos sobre Rusia*: II. El porvenir de la Comuna Rusa. Trad. Félix Blanco. Cidade do México: Ediciones Pasado y Presente, 1980. p.29-65.

MARX, Karl. Carta de Marx a Danielson, Londres, 10 de abril de 1879. In: MARX, Karl; DANIELSON, Nikolai; ENGELS, Friedrich. *Correspondencia, 1868-1895*. Comp. José Aricó. Cidade do México: Siglo XXI Editores, 1981.

MARX, Karl; ENGELS, Friedrich. *Obras escolhidas*, v.I. Rio de Janeiro: Editorial Vitória, s.d.

MARX, Karl; ENGELS, Friedrich. *Selected Correspondence*. Moscou: Progress Publishers, 1965.

MARX, Karl; ENGELS, Friedrich. *Materiales para la historia de America Latina*. 5.ed. Cidade do México: Ediciones Pasado y Presente, 1980.

Capitalismo e escravidão na sociedade pós-escravista

MARX, Karl; ENGELS, Friedrich. *Escritos sobre Rusia*: II. El porvenir de la Comuna Rusa. Trad. Félix Blanco. Cidade do México: Ediciones Pasado y Presente, 1980.

MARX, Karl; DANIELSON, Nicolai F.; ENGELS, Friedrich. *Correspondencia, 1868-1895*. Comp. José Aricó. Cidade do México: Siglo Veinteuno Editores, 1981.

MERTON, Robert K. Aportaciones a la teoría de la conducta del grupo de referencia. In: *Teoría y estructura sociales*. Trad. Florentino M. Torner. Cidade do México: Fondo de Cultura Económica, 1964.

MIYAZAKI, Nobue; ONO, Mario. O aviamento na Amazônia: estudo sócio-econômico sobre a produção da juta (I). *Sociologia*, Fundação Escola de Sociologia e Política, São Paulo, v.20, n.3, p.366-96, 1958.

MIYAZAKI, Nobue; ONO, Mario. O aviamento na Amazônia: estudo sócio-econômico sobre a produção da juta (II). *Sociologia*, Fundação Escola de Sociologia e Política, São Paulo, v.20, n.4, p.530-63, 1958.

MONTEIRO, John Manuel. *Negros da terra*: índios e bandeirantes nas origens de São Paulo. São Paulo: Companhia das Letras, 1995.

MONTEIRO, John Manuel. *Tupis, tapuias e historiadores*: estudos de história indígena e do indigenismo. Campinas, 2001. Tese (Concurso de Livre-Docência) — Departamento de Antropologia, IFCH, Unicamp.

MOURA, Margarida Maria. *A Festa de Nossa Senhora do Rosário do Serro*, mímeo. Rio de Janeiro, 1977.

MOURA, Margarida Maria. *Os deserdados da terra*: a lógica costumeira e judicial dos processos de expulsão e invasão da terra camponesa no sertão de Minas Gerais. Rio de Janeiro: Bertrand Brasil, 1988.

NABUCO, Joaquim. *O abolicionismo*. Brasília: Senado Federal, 2009 [1883].

N'DIAYE, Titiane. *O genocídio ocultado*: investigação sobre o tráfico negreiro árabo-muçulmano. Lisboa: Gradiva, 2019.

NISBET, Robert. *La formación del pensamiento sociológico*, 2 vols. Trad. Enrique Molina de Vedia. Buenos Aires: Amorrortu Editores, 1969.

NISBET, Robert. *Tradition and Revolt*. Nova York: Vintage Books, 1970.

NÓBREGA, Manuel da. *Obra completa*. Org. Paulo Roberto Pereira. Rio de Janeiro/São Paulo: Editora PUC-Rio/Edições Loyola, 2017.

NOVAIS, Fernando Antonio. *Portugal e Brasil na crise do antigo sistema colonial (1777-1808)*. São Paulo: Hucitec, 1979.

OLIVEIRA, Francisco de. A economia brasileira: Crítica à Razão Dualista, *Novos Estudos Cebrap*, n.1, São Paulo, 1972.

OLIVEIRA, José Eduardo Dutra de; OLIVEIRA, Maria Helena Dutra de (orgs.). *Boias-frias*: uma realidade brasileira. São Paulo: Academia de Ciências do Estado de São Paulo/Conselho Nacional de Desenvolvimento Científico e Tecnológico, 1981.

PAULA SOUZA, Antonio Francisco de. Valioso testemunho. *A Província de São Paulo*, 8 abr. 1888. p.1.

PENTEADO, Jacob. *Belenzinho 1910*: retrato de uma época. São Paulo: Livraria Martins, 1962.

PEÕES vivem a rotina do medo no Araguaia. *O Estado de S. Paulo*, 9 mar. 1973. p.9.

PINTO, Lúcio Flávio. *Amazônia*: o anteato da destruição. Belém: Grafisa, 1977.

PINTO, Lúcio Flávio. *Amazônia*: no rastro do saque. São Paulo: Hucitec, 1980.

QUINTAS, Amaro. *O sentido social da Revolução Praieira*. Rio de Janeiro: Civilização Brasileira, 1967.

REGIMENTO DAS MISSOENS DO ESTADO DO MARANHAM, & PARÁ (1 DE DEZEMBRO DE 1686). In: BEOZZO, José Oscar. *Leis e regimentos das missões*: política indigenista no Brasil. São Paulo: Edições Loyola, 1983.

SANTOS, Roberto. O equilíbrio da firma aviadora e a significação econômico-social do aviamento. *Pará Desenvolvimento*, Idesp, Belém, v.3, p.9-30, 1968.

SARTRE, Jean-Paul. *Critica de la razon dialectica*. Livro I. Trad. Manuel Lamana. Buenos Aires: Editorial Losada, 1970. [Ed. bras.: *Crítica da razão dialética*. Rio de Janeiro: Lamparina, 2002.]

SATRIANI, Luigi Lombardi. *Antropologia culturale e analisi della cultura subalterna*. Milão: Rizzolli Editore, 1980.

SATRIANI, Luigi Lombardi. *Il silenzio, la memoria e lo sguardo*. 2.ed. Palermo: Sellerio Editore, 1980.

SCHWARZ, Roberto. Um seminário de Marx. *Folha de S.Paulo*, 8 out. 1995. Caderno Mais!, p.4-5.

SCOTT, James C. *The Moral Economy of the Peasant Rebellion and Subsistence in Southeast Asia*. New Haven: Yale University Press, 1976.

SIGAUD, Lygia Maria. Trabalho e tempo histórico entre proletários rurais. *Revista de Administração de Empresas*, Fundação Getúlio Vargas, Rio de Janeiro, v.13, n.3, jul./set. 1973.

SIGAUD, Lygia Maria. *Os clandestinos e os direitos*: estudo sobre os trabalhadores da cana-de-açúcar de Pernambuco. São Paulo: Duas Cidades, 1979.

SILVA, Camila da. As empresas da "lista suja" com maior número de trabalhadores em condições análogas à escravidão. *CartaCapital*, 18 mar. 2023. Disponível em: https://www.cartacapital.com.br/sociedade/as-empresas-da-lista-suja-com-maior-numero-de-trabalhadores-em-condicoes-analogas-a-escravidao. Acesso em: 21 mar. 2023.

SILVA, Moisés Pereira. *O trabalho escravo contemporâneo e a atuação da CPT no campo (1970-1995)*. São Paulo, 2016. Tese (Doutorado em História Social) —Programa de Pós-Graduação em História, PUC.

SILVA, Moisés Pereira. O trabalho escravo contemporâneo: Conceito e enfrentamento jurídico e pastoral do frei Henri Burin des Roziers. *Estudos Históricos*, Fundação Getúlio Vargas, Rio de Janeiro, v.32, n.66, p.329-46, jan./abr. 2019.

SOFIA, Julianna; BRANT, Danielle. Trabalho semelhante ao escravo deve ter forte aumento com crise e impunidade sob Bolsonaro, diz chefe da OIT. *Folha de S.Paulo*, 25 mar. 2023.

STEIN, Stanley J. *Grandeza e decadência do café no Vale do Paraíba*. Trad. Edgar Magalhães. São Paulo: Brasiliense, 1961.

STONEQUIST, Everett V. *O homem marginal*: estudo de personalidade e conflito cultural. Trad. Asdrubal Mendes Gonçalves. São Paulo: Livraria Martins Editora, 1948.

SUTTON, Alison. *Slavery in Brazil*: A Link in the Chain of Modernization. The Case of Amazonia. Londres: Anti-Slavery International, 1994.

TAX, Sol. *Penny Capitalism*: A Guatemalan Indian Economy. Washington: Smithsonian Institution, Institute of Social Anthropology, Washington, 1953. Publication n.16.

TEIXEIRA, Carlos Corrêa. *Servidão humana na selva*: o aviamento e o barracão nos seringais da Amazônia. São Paulo: Valer, 2009.

THOMPSON, Edward P. The Moral Economy of the English Crowd in the Eighteen Century. *Past & Present*, n.50, p.76-136, fev. 1971.

TÖNNIES, Ferdinand. *Comunidad y Sociedad*. Trad. de José Rovina Armengol. Buenos Aires: Editorial Losada, 1947.

UM ARMAZÉM DAS ANTIGAS: MERCEARIA PARAOPEBA. Direção: Rusty Marcellini. Produção: Cara de Cão Filmes. Itabirito, 2010 (7min05s). Disponível em: https://youtu.be/aUiWgtIGJwU. Acesso em: 11 jan. 2023.

VELHO, Otávio Guilherme. *Capitalismo autoritário e campesinato*. São Paulo: Difel, 1976.

VENTURI, Franco. *Il populismo russo*. 2.ed. Turim: Giulio Einaudi Editore, 1977. 3v.

VIEIRA, Maria Antonieta da Costa. *Caçando o destino:* um estudo sobre a luta de resistência dos posseiros do sul do Pará. São Paulo, 1981. Dissertação (Mestrado em Antropologia) — PUC (mimeo).

WEBER, Max. *The Protestant Ethic and the Spirit of Capitalism*.Trad. Talcott Parsons. Nova York: Charles Scribner's Sons, 1958. [Ed. bras.: *A ética protestante e o espírito do capitalismo*. Trad. Karina Jannini. São Paulo: Edipro, 2020.]

WILLIAMS, Eric. *Capitalism and Slavery*. Chapel Hill: University of North Carolina Press, 1994. [Ed. bras.: *Capitalismo e escravidão*. Trad. Denise Bottmann. São Paulo: Companhia das Letras, 2012.]

WITTER, José Sebastião. *Ibicaba*: uma experiência pioneira. São Paulo: Edições Arquivo do Estado, 1982.

Sobre o autor

José de Souza Martins é sociólogo. Foi Professor titular da Faculdade de Filosofia, Letras e Ciências Humanas da Universidade de São Paulo, da qual se tornou Professor Emérito em 2008. Foi professor visitante da Universidade da Flórida e do Instituto de Ciências Sociais da Universidade de Lisboa. Eleito Professor da Cátedra Simón Bolivar da Universidade de Cambridge e *fellow* de Trinity Hall (1993-1994). Pesquisador Emérito do CNPq, 2019; Professor *Honoris Causa*, Universidade Federal de Viçosa (MG), 2013; Doutor *Honoris Causa*, Universidade Federal da Paraíba, 2013; Doutor *Honoris Causa*, Universidade Municipal de São Caetano do Sul (SP), 2014. Ganhador do Prêmio Florestan Fernandes 2007, da Sociedade Brasileira de Sociologia e de três Prêmios Jabuti: 1993, 1994 e 2008.

Foi membro da Junta de Curadores do Fundo Voluntário das Nações Unidas sobre Formas Contemporâneas de Escravidão, do Alto Comissariado da ONU para os Direitos Humanos, em Genebra, de 1996 a 2007; membro e coordenador da Comissão Especial que preparou o Plano Nacional de Erradicação do Trabalho Escravo, na Secretaria dos Direitos Humanos do Ministério da Justiça em 2002.

Entre as conferências que realizou ou participou, destacam-se "The rebirth of slavery in modern world: the Brazilian case", F. D. Maurice Society, Trinity Hall, University of Cambridge (Inglaterra), 14 de fevereiro de 1994; "Confronting the past: Unfree labour as an historical phenomenon and a modern problem", organizada por John e Patricia Carman, Darwin College, University of Cambridge, 28 a 30 de março de 1994, em que apresentou o trabalho "Transition from slavery in Brazil; peonage in Brazil today"; Conference on Free and Unfree Labour, International Institute for Social History, Amsterdam (Holanda), 13 a 14 de janeiro de 1995, em que apresentou o trabalho "The reproduction of capital on the pioneer front and the reappearance of slavery in Brazil".

Autor de 40 livros e coautor de 72 livros. Publicou pela Editora Unesp *O coração da Pauliceia ainda bate* (2017, em coedição com a Imprensa Oficial), *Sociologia do desconhecimento*: Ensaios sobre a incerteza do instante (2021) e *As duas mortes de Francisca Júlia* (2022).

Em 2015, foi eleito para a Cadeira nº 22 da Academia Paulista de Letras, em cuja posse foi saudado pelo poeta Paulo Bomfim.

SOBRE O LIVRO

Formato: 14 x 21 cm
Mancha: 23 x 44 paicas
Tipologia: Venetian 301 12,5/16
Papel: Off-white 80 g/m² (miolo)
Cartão Supremo 250 g/m² (capa)
1ª *edição Editora Unesp*: 2023
1ª *reimpressão Editora Unesp*: 2024

EQUIPE DE REALIZAÇÃO

Edição de texto
Fábio Fujita (Copidesque)
Carmen T. S. Costa (Revisão)

Capa
Negrito Editorial

Imagem de capa
Fantocheiro (xochicalco, iStock)

Editoração eletrônica
Eduardo Seiji Seki

Assistente de produção
Erick Abreu

Assistência editorial
Alberto Bononi
Gabriel Joppert

Camacorp Visão Gráfica Ltda

Rua Amorim, 122 - Vila Santa Catarina
CEP:04382-190 - São Paulo - SP
www.visaografica.com.br